Printed in the United States
By Bookmasters

التعلم والتعليم

التعلم والتعليم

الدكتورة

أمل يوسف التل

الطبعة الأولى : 1430هـ - 2009م

دار كنوز المعرفة العلمية للنشر والتوزيع

المملكة الأردنية الهاشمية

رقم الإيداع لدى دائرة المكتبة الوطنية : (3403 / 9 / 2008)

370.15

التل، أمل يوسف

التعلم والتعليم/ أمل يوسف التل._ عمان: دار كنوز المعرفة، 2008

(248) ص.

ر.أ: (3403 / 9 / 2008)

الواصفات: / التعلم// علم النفس التربوي/

تم إعداد بيانات الفهرسة والتصنيف الأولية

من قبل دائرة المكتبة الوطنية

دار كنوز المعرفة العلمية للنشر والتوزيع

وسط البلد - مجمع الفحيص التجاري

تلفاكس: 4655877 6 00962 - موبايل: 5525494 79 00962

ص. ب 712577 عمان

E-Mail: dar_konoz@yahoo.com

ردمك: **ISBN: 978 - 9957 - 463 - 98 - 4**

تنسيق وإخراج **صفاء** نمر البصار **00962 79 6507997**

safa_nimer@hotmail.com

الإهداء

إلى ابني العزيز محمد ..
أهدي هذا الجهد

الفهرس

الفصل الأول

التعلُّم وطبيعته

الفصل الثاني

القدرات

الفصل الثالث

الاستعداد

الفصل الرابع

الدافعية

الفصل الخامس

نظريــــات التعلــم
الاتجاه السلوكي في تفسير عملية التعلم

الفصل السادس

الجــــشتالت
الاتجاه المعرفي في تفسير عملية التعلم

الفصل السابع

القدرات العقلية ذات الصلة بالتعلم (الذكاء)

الفصل الثامن

النتائج المعرفية للتعلم

الفصل التاسع

الشخصية

مقدمة

لقد تطور علم النفس خلال القرنين الماضيين وذلك لمواجهة التطورات التي صاحبت الحياة الاجتماعية والاقتصادية والثقافية، وفي خضم هذه التطورات الاجتماعية فإن موضوع علم نفس التعليم يعالج أهم الموضوعات التي لها صلة وثيقة بعملية التعلم والتعليم فعلم نفس التعلم والتعليم كان وما يزال وسوف يظل يحظى بالاهتمام الكبير في عملية إعداد المعلم الماهر الذي يعمل باستمرار لاكتساب صفات مثل القدرة على التنظيم والقدرة على استثارة دافعية التلاميذ وكثير من المهارات الأخرى التي تساعده على القيام بعملية التدريس على أساس علمي متين يمكن المتعلمين من تحقيق أقصى تعلم ممكن بشكل ممتع ومفيد.

يُعرِّف هذا الكتاب بالمفاهيم الأساسية للتعلم، وفهم القدرات، والاستعداد، والدافع هو مفتاح السيطرة على السلوك وتوجيهه وضبطه.

بالإضافة إلى معرفة القدرات العقلية ذات الصلة بالتعلم مثل الذكاء وبعض النظريات المفسرة لعملية التعليم كالنظريات السلوكية والاتجاه المعرفي في تفسير عملية التعلم وموضوع النتائج المعرفية للتعلم والاستفادة منه بالمواقف المختلفة.

وكما هو معروف إن الشخصية هي إطار عام تتم في داخله مجموعة من العمليات التنظيمية التي تحدث داخل الشخص نفسه وتهدف إلى تنسيق استجابته للمؤثرات الداخلية والخارجية من خلال معرفتنا لمفهوم الشخصية ونظرياتها وبنائها ودينامياتها.

أخيراً نأمل أن يستفيد القارئ بعد الانتهاء من قراءته لحصيلة معرفية تساعده في معرفة مفاهيم حول عملية التعلم والتعليم.

المؤلفة

الفصل الأول
التعلُّم وطبيعته

الفصل الأول

التعلُّم وطبيعته

مقدمة:

تهدف عملية التربية بوسائلها المختلفة إلى تعديل سلوك المتعلمين، ويستلزم هذا التعديل تعلماً. وموضوع التعلُّم والبحث فيه ليس جديداً، فقد شغل فكر المربين والآباء والمصلحين الاجتماعيين منذ قديم الزمن. وطبيعة عملية التعلُّم معقدة تحتاج إلى الكثير من الدقة والتخصص؛ من هنا كانت الحاجة ماسّة إلى دراسة هذه العملية من أجل معرفة ماهيتها، وأفضل الظروف الملائمة لها وكيفية حدوثها ونتائجها.

معنى التعلم:

يستخدم اصطلاح التعلم في علم النفس بمعنى أوسع بكثير من معناه الدارج بين الناس، ومن الصعب التوصل إلى تعريف متفق عليه للتعلم بسبب اختلاف وجهات نظر الكتاب والباحثين؛ لذلك تعددت تعاريف التعلم؛ مما جعل بعض العلماء يعتمدون على تعريف إجرائي للتعلم لوصفه وتحديد شروطه.

ومن ضمن هذه التعاريف: [1]

1. تعريف جيتس (Gates): ويرى أن التعلم اكتساب الطرق التي تجعلنا نشبع دوافعنا أو نصل إلى تحقيق أهدافنا، هذا يأخذ دائماً أسلوب حل المشكلات..ويفسّر هذا التعريف التعلم على أساس موقف معين ونشاط يقوم به

---

(1) د. رمزية الغريب، التعلم، ص 10.

الفرد استجابة منه لذلك الموقف. ويلاحظ أن تعريف جيتس يوضّح بصفة عامة الموقف التعلمي والدافع إليه، وهذا بالطبع لا ينطبق على كل حالات التعلم، فأحيانا كثيرة يتعلم الفرد خبرة لم يكن يقصد تعلمها، وإنَّما تعلمها بشكل عفوي غير مقصود.

2. تعريف جليفورد (Guilford): ويرى أن التعلُّم تغيّر في السلوك ناتج عن استثارة. وهذا التغيّر في السلوك قد يكون ناتجاً عن منبهات بسيطة أو مواقف معقدة يواجهها الإنسان في حياته.

وممّا يؤخذ على هذا التعريف أنه شامل أكثر مما يجب، إذْ ليس كل تغير في سلوك الفرد ناتج عن استثارة معينة. فقد يلمس الإنسان شيئاً ساخناً ثم يسحب يده بسرعة، وهذا السلوك ليس تعلماً وإنما هو فعل منعكس لهذا الشيء الساخن؛ لأن التعلم هو نوع من تكيف الإنسان مع موقف معين يكسبه خبرة جديدة.

ويرى بعضهم الآخر أن التعلم: هو التغيرات السلوكية أو النفسية التي تلعب فيها ظروف الخبرة والممارسة والتدريب دوراً أكبر..

شروط التعلم:

للتعلُّم شروط ثلاثة لا يتم بدونها وهي:

1. وجود الإنسان أمام موقف جديد أو عقبة تعترض تلبية دوافعه وإشباع حاجاته، أي أمام مشكلة..يتعيّن عليه حلها، كقصيدة يريد حفظها، أو مسألة رياضية يريد حلها أو لعبة يريد إتقانها أو سيارة يريد قيادتها..وهذا هو ما يدفعه إلى ممارسة نشاط خاص حتى يحقق هذا الغرض.
2. وجود دافع يحمل الفرد على التعلُّم، فلا تعلُّم بدون دافع.
3. بلوغ الفرد مستوى من النضج الطبيعي يتيح له أن يتعلم.

سمات التعلم الجيد:

يتميز التعلُّم الجيِّد بأربع سمات هي:

1. أنَّه لا يتطلب من المتعلِّم وقتاً أطول ممَّا يجب.
2. أنه لا يتطلب من المتعلِّم أن يبذل فيه جهداً أكبر ممَّا ينبغي.
3. أنَّهُ يبقي أثراً لدى المتعلِّم.
4. أنَّه يمكن المتعلم من استخدامه والإفادة منه في مواقف جديدة ومتعدِّدة.

أشكال التعلُّم وصوره:

يتمثل الشبه الرئيسي بين مختلف مواقف التعلُّم في أن سلوك الإنسان تطرأ عليه تغيرات معينة نتيجة للخبرة أو الممارسة أو التدريب. وجوهر عملية التعلُّم هو التغير الـذي يطرأ عـلى أداء الإنسان أو استجابته الظاهرة للمواقف التـي يتعرض لها.

ويتضمن التعلُّم كل ما يكتسبه الفرد مـن معارف ومعان وأفكار واتجاهات وعواطف وميول وقدرات وعادات ومهارات حركية أو غـير حركية، سـواء تـمَّ هذا الاكتسـاب بطريقـة مقصودة كما في المدرسة، أو بطريقة غير مقصودة كالتعلُّم العرضي، الـذي يـتم في العمـل أو المجـالس أو دور العبـادة، أو تقليـد الآخرين في سلوكهم، أو التعلُّم المصاحب لما يتعلمه التلميذ في المدرسة كحبه لمـادة دراسية أو تعلمه لأنواع من السلوك الحميد مثل التعاون أو التضحية، أو احترام الآخرين...الخ.

ولا يقتصر مفهـوم التعلُّم عـلى اكتساب العـادات الطيبة أو الحميدة، وإنمـا يشمل تعلم بعـض العـادات الضارّة أو السـلوك غـير المرغـوب كالكلام البذيء، أو الطريقة السيئة في القراءة والكتابة، أو الاستذكار غير السليم المتمثل في الاستلقاء على السرير، أو الكتابة بشكل ضار، كأن ينحني الفرد على الطاولة أثناء الكتابة.

وتختلف صور التعلُّم في نتائجها وأهدافها وبساطتها وتعقيدها. ويمكن تصنيف أشكال التعلُّم وصوره في مجالين:

أولاً: التعلُّم من حيث هدفه (نتائجه)[1]:

يطلق بعض العلماء على نتائج التعلُّم اسم عادات التعلُّم، ويمكن أن تصنّف هذه العادات تبعاً لتصنيف الأهداف التربوية (التعلُّمية) إلى ما يلي:

1. عادات أو مهارات حركية: وتتمثل فيما نتعلمه من عادات الأكل واللباس والكلام والكتابة والقراءة والمشي وممارسة الألعاب الرياضية والضرب على الآلة الكاتبة أو العزف على الآلة الموسيقية أو رسم الخرائط أو تشغيل آلة من الآلات..الخ.
2. عادات معرفية: وتتمثل فيما نتعلمه من معلومات ومعارف وحقائق في العلوم المختلفة وما نكتسبه من مفاهيم وقواعد، وطرق تفكير كالتفكير العلمي والتفكير الإبداعي والتفكير الناقد.
3. عادات وجدانية أو انفعالية: وتتمثل فيما نتعلمه من عواطف وميول، كالحب والكراهية للأشياء أو الأشخاص أو الأعمال، وما نكتسبه من اتجاهات وقيم اجتماعية وتذوق فني أو أدبي أو جمالي.
4. عادات اجتماعية وخلقية: وتتمثل فيما نكتسبه من عادات اجتماعية وخلقية كالأمانة والتسامح والتعاون واحترام القانون والمحافظة على المواعيد.

ثانياً: التعلُّم من حيث بساطته وتعقيده:

1. تعلُّم بسيط أو آلي، غير شعوري أو عارض: كخوف الطفل من الطبيب نتيجة اقتران الطبيب بالألم الذي شعر به الطفل بعد أخذه حقنة، وكتعلُّم التلميذ الدقة

(1) د. أحمد عزت راجح، أصول علم النفس، ص 209.

والنظام من مدرسيه أثناء شرحهم الدروس، أو كتعلُّمه عادة الصدق أو الأمانة عن طريق الإيحاء أو القدوة..ويدخل ضمن هذا التعلُّم التعلُّم البسيط الذي لا يحتاج إلى فهم أو مجهود فكري كحفظ قصيدة من الشعر غيباً دون فهم لمحتواها.

تعلُّم معقد أو غير آلي أو شعوري أو مقصود: ويتطلب هذا التعلُّم فهماً ومجهوداً، أو اختباراً لمعارف ومسائل معينة، أو تدريباً طويلاً، سواء أكان حركياً أو عقلياً، كتعلُّم لعبة الشطرنج أو سياقة سيارة، أو تصويباً إلى هدف يتحرك بسرعة..الخ.

العوامل المؤثرة في التعلُّم:

تعتمد استجابات التلميذ للمواقف التربوية التي توفرها المدرسة على ما لديه من معارف واستعدادات وقدرات ومهارات وخبرات سابقة، وعلى ما يتمتع به من صفات شخصية عامة. ومعنى هذا أن مدخلات التلميذ تحدّد نوعية استجاباته وعددها، ومدخلات التلاميذ في حقيقتها هي نتاج نمو وارتقاء متراكم يعكس آثار العوامل الوراثية والبيئية التي يتعرض لها في حياته.

وحتى يكون فهمنا للتعلُّم أكثر وضوحاً فلابد من بيان بعض العوامل أو المفاهيم التي يتداخل تأثيرها في هذه العملية، ومن هذه العوامل التي يكثر ذكرها في مؤلفات علم النفس التربوي: الارتقاء، النضج، النمو[1].

1. الارتقاء Development:

الارتقاء هو أكثر العوامل الثلاث التي ذكرناها شمولاً. ويشير باختصار إلى حدوث تغيرات شبه دائمة في بيئة وسلوك الإنسان بحيث تنتظم هذه التغيرات وترتبط بشكل منتظم بالعمر الزمني للفرد.

---

(1) د. فؤاد أبو حطب، و د. آمال صادق، مرجع سابق ص 94.

ومن الواضح في ضوء نتائج علم النفس التطوري (الارتقائي) أن التغير في بيئة وسلوك الإنسان قد يكون تراكمياً وتقدمياً (أي يظهر في صورة أحسن من المراحل السابقة) كما هو الحال في التحول من الطفولة إلى المراهقة إلى الشباب إلى الرشد. وقد تكون التغيرات الارتقائية على شكل تدهور وتقهقر وانتكاس كما هو الحال في مرحلة الشيخوخة. وهذا التدهور لا يقتصر على مرحلة الشيخوخة، فقد يظهر في مراحل العمر حينما يظهر في شكل نكوص أو محو التعلُّم (إزالة آثاره). ويحدث التقدم والتقهقر في التغيرات الارتقائية نتيجة تفاعل عاملي الفطرة والخبرة في السلوك الإنساني. ويشير عامل الفطرة إلى النضج. أما مفهوم الخبرة فيشير إلى التعلُّم وهما مفهومان بحاجة إلى التوضيح؛ نظراً لما لهما من أثر واضح على التعلُّم..

2. النضج Maturation:

كان أول من استعمل هذا اللفظ هم علماء الأجنة. وقد نقل هذا اللفظ إلى ميدان سيكولوجية الطفولة على يد جيزل حينما نشر كتابه (النضج ونموذج تصرف الطفل). وبعد عام من نشر هذا الكتاب استطاع ماركس أن يعرف النضج بشكل محدّد بقوله: هو ملاءمة من جانب النمط العضوي استجابة لدوافع داخلية مستقلة عن مؤثرات البيئة الخارجية.

ويعرّف النضج بأنه التغيرات البيولوجية والفسيولوجية التي تحدث في بنية الإنسان ووظيفتها نتيجة لتكوينه الوراثي دون أن تحتاج إلى تمرين أو تدريب أو ملاحظة. ويصاحب هذه التغيرات في بنية الإنسان تغيرات سلوكية شبه دائمة.

والنضج عملية نمو داخلي متتابع يتناول جميع نواحي الكائن، وهو يحدث بطريقة لا شعورية ويستمر حتى وقت الرقاد، وتبدو مظاهره في جميع الكائنات الحيّة.

وهذا التعريف للنضج يحدّد له معنىً يجعله يختلف عن الاستعمال العادي المتعارف عليه، وهو وصول الإنسان إلى النمو الكامل في جميع القدرات العقلية والإمكانات السيكولوجية؛ لأن النضج العقلي والنضج الانفعالي والنضج الاجتماعي هي نتاج العوامل البيئية في معظمها وليس نتاج العوامل الوراثية كما هو حال النضج الجسمي والعضلي والعصبي بشكل عام..وتبدو آثار النضج الطبيعي في مجال النمو الجسمي والحركي بشكل بارز، فالمشي عند الأطفال هو نتيجة نضج وليس تعلماً؛ لأن الطفل يستطيع المشي دون معونة أو تدريب متى بلغ جهازه العضلي والعصبي درجة من النضج تسمح له بهذا النشاط. كما أن نطقه ببعض الأصوات أو ضبطه لعضلات مثانته هي نتيجة لنضجه..ونفس القول ينطبق على الحيوان، فالطائر الصغير يستطيع الطيران حتى لو قيّدنا حركات جناحيه فترة من الزمن؛ ممّا يدلُّ على أن الطيران لا ينجم عن تمرين جناحيه وإنما عن نضجها.

وللنضج كمفهوم ارتقائي ميزتان أساسيتان هما:

أ. عملية منتظمة:

أي أن النضج كعملية ارتقائية يتم بطريقة منتظمة ويظل ثابتاً على الأقل في الظروف البيئية العادية. ويتم هذا الانتظام في النمو البيولوجي قبل الولادة وأثناء حياة الفرد رغم ما قد يتعرض له من خبرة أو ممارسة أو تدريب. وممّا يؤكد أثر النضج الأدلة التجريبية التي ظهرت أن الأطفال الذين يولدون ولادة مبتسّرة (أي بعد فترة من الحمل تقل عن 37 أسبوعاً) ويوضعون في محضن يشبه بيئة الرحم ينمون بيولوجيا وفسيولوجياً وعصبياً بنفس معدل نمو الأطفال الذين يولدون ولادة طبيعية.

كما أظهرت البحوث التي أجراها جيزل وزملاؤه أن النضج بعد الميلاد ينتظم بنفس الطريقة التي يحدث فيها قبل الميلاد، فقد لاحظوا التتابع المنتظم والثابت في

النمو الحركي للأطفال في السنوات الخمس الأولى من حياتهم، كما لاحظوا الاتجاه المنتظم للنمو من أعلى إلى أسفل ومن الوسط إلى الأطراف، كما تظهر خصائص الانتظام في النضج في سلوك الحبو والوقوف والمشي- واستخدام الأيدي والأصابع والكلام التي تظهر عند معظم الأطفال بترتيب وتوقيت يكاد يكون واحداً، بالرغم من أن هؤلاء الأطفال يخضعون لظروف بيئية مختلفة. وهكذا فكل مرحلة تمهّد الطريق للمرحلة التالية وتتتابع المراحل على نحو موّحدٍ.

إضافة إلى ما سبق فقد أكدّت البحوث الحديثة أن النضج يلعب دوراً حاسماً في النمو اللغوي عند الأطفال، فإن ما يحدث لديهم بعد السنوات الثلاثة الأولى من نمو لغوي ليس نتيجة لتغير البيئة وإنما نتيجة للتغيُّر في قدرة الطفل على التعلُّم من البيئة.

ب. النضج عملية مستمرة:

أي أن التغيُّرات السلوكية التي تعتمد في جوهرها على الارتقاء البيولوجي والفسيولوجي تحدث باستمرار في جميع مراحل العمر. ويمكن التدليل على ذلك من شواهد كثيرة من سيكولوجية النمو في المراحل العمرية المختلفة مثل النمو اللغوي والاجتماعي والجنسي...

العلاقة بين التعلُّم والنضج:

يتفق النضج والتعلُّم في كون كلٍّ منهما يمثّل تغيُّراً شبه دائم في أداء الإنسان، إلاّ أنهما يختلفان في سبب هذا الأداء. فالأداء الناجم عن النضج ينتج عن تغيرات بيولوجية وفسيولوجية تحدث بطريقة منتظمة ومستمرة دون تدخل مباشر من الظروف البيئية. أما الأداء الناجم عن التعلُّم فينتج عن الاستجابة لمثير أو موقف أي نتيجة للخبرة أو الممارسة أو التدريبِ أو التمرين..

ويرتبط النضج والتعلُّم بصلة وثيقة ببعضهما، فالفرد لا يستطيع أن يتعلم شيئاً إلاّ إذا بلغ مستوى كافياً من النضج؛ ولذلك فمن الخطأ تعليم الطفل ضبط عضلات مثانته في نهاية العام الأول من عمره، كما أنه من العبث أن يجبر الطفل على الكتابة قبل نضوج عضلات أصابعه، أو أن يخاطب المعلم صغار تلاميذه بألفاظٍ ومعانٍ مجردة.

وقد اهتم العلماء بالعلاقة بين النضج والتعلُّم، يقول تومسون (Thomson) إنَّ النضج والتعلُّم يتداخلان تداخلاً محبوكاً معقداً في عملية النمو، حتى أنه من العبث محاولة الاستمرار في الفصل بينهما. إذْ لا يوجد أدنى شك في أنّ كليهما يُعد حيوياً للنمو النفسي الطبيعي للإنسان..وخير مثالٍ يوضح هذا التداخل أنَّ الطفل إذا نال خطاً مناسباً من النضج، ثم حرم من البيئة الصالحة الغنية بالمثيرات المناسبة، فإن سلوكه يغلب عليه أن يكون طفيلياً بسيطاً غير مناسب للمواقف التي تعرض له..

ومن الأمثلة الأخرى التي توضح التفاعل المعقد بين النضج والتعلم نمو اللغة عند الطفل. فالطفل لا يستطيع الكلام إلاّ في سن معينة لكن اللغة التي يتعلمها هي التي يسمعها من البيئة التي يعيش فيها.

وممّا يؤكد هذا التداخل صعوبة التمييز بين النمو الناتج عن النضج والنمو الناتج عن التعلُّم في أغلب الأحيان. ومع ذلك فقد حاولت بعض الدراسات التمييز بينهما لأغراض دراسية أكاديمية.

وعليه يمكن للمرء أن يخرج ببعض التعميمات المقبولة في علم النفس التربوي والتي لها دلالتها في علاقة التعلُّم والنضج منها:

- لا تعلُّم بدون نضج.
- كلما نال الإنسان حظاً أوفر من النضج كلما كان أقدر على التعلُّم وعلى اكتساب السلوك وتعديله.

- إن النضج إذا وصل إلى مستواه الطبيعي فإنـه يعنـي بـأن الإنسـان قـد وصـل إلى مستوى يُعبَّر عنه بالاستعداد.

أهمية عامل النضج في التعلُّم:

يعتبر النضج من العوامـل الهامّـة في سـيكولوجية النمـو والـتعلُّم؛ لأنـه يحـدّد إمكانيات سلوك الكائن الحي، وبالتالي يحدِّد مدى ما يستطيع أن يقوم به من نشاط تعلُّمي، وما يصيبه من مهارة وخبرة. وعليه فإن المعلم أو الأب الذي يستطيع تحديد مستوى نضج الطفل أن يهيئ له المواقف التعلُّمية المناسـبة لنضـجه، كـما يمكنـه أن يشخّص علَّة فشله في تحصيل المهارات اللازمة لتعلمه..

التعلم والخبرة والممارسة والتدريب (التمرين):

تبين لنا من قبل أن التعلُّم هو نتيجة الخبرة أو الممارسة أو التدريب أو التمرين فما المقصود بهذه المفاهيم؟ وكيف تعمل على تحقيق تعلُّم الإنسان؟.

الخبرة (**Experience**):

هي أكثر المفاهيم اتساعاً وشمولاً، وتدل على موقـف أو حـدث يقابلـه الكـائن العضوي (الإنسان) أو يجده أو يمرُّ به ويعيش خلاله ويتأثر به. ومعنى هذا أنَّ تـدلُّ على كلِّ ما يؤثر في سلوك الإنسان من خارجه ويؤدي به إلى الوعي بمثير أو الإحساس به.

الممارسة (**Practice**):

هي نوع من الخبرة المنتظمة نسبياً، وتشير إلى تكرار حدوث نفس الاسـتجابات الظاهرة أو ما يشابهها في مواقف بيئية منظمة نسبياً. ومن أمثلة الممارسة مـا تهيئـه المدرسة للتلاميذ مـن مواقـف منهجيـة أو أنشـطة لا منهجيـة يـتعلم منهـا التلاميـذ خبرات ومعارف واتجاهات نافعة تشكل مادة تعلُّمه.

التدريب (**Training**) أو التمرين (**Exercise**):

هو أكثر صور الخبرة تنظيماً وتحديداً، ويتمثل في ما يتعرض له الفرد من سلسلة منتظمة من المواقف مثل التعليمات أو النشاطات أو الامتحانات. ومعظم المواد الدراسية إن لم تكن كلها تتضمن مجموعة من التمرينات أو التدريبات التي تستهدف إثراء خبرات التلاميذ وزيادة مداركهم وتحسين مهاراتهم العلمية في الموضوعات الدراسية كاللغات أو الرياضيات أو الرياضة أو العلوم الثقافية والتجريبية المختلفة..

3. النمو (**Growth**):

يخلط الكثير من المؤلفين بين النمو والنضج والارتقاء. وقد سبق أن أشرنا إلى أن مفهوم الارتقاء يعني التغيرات السلوكية التي ترتبط ارتباطاً منتظماً بالعمر الزمني. فإذا كانت التغيرات ارتقائية وترجع لظروف بيولوجية (وراثية) فإنها تسمى نضجاً. أمّا إذا كانت هذه التغيرات الارتقائية ترجع إلى ظروف البيئة (الخبرة والممارسة والتدريب) فإنّها تسمى تعلُّماً. وفي كلا الحالتين (النضج والتعلُّم) قد تدل التغيرات على تحسن أو تدهور في سلوك الإنسان، وعادة ما يكون التدهور في هاتين الحالتين في المراحل المتأخرة من العمر.

ويرى فؤاد أبو حطب وآمال صادق أن مفهوم النمو حتى يتميز عن مفاهيم الارتقاء والنضج والتعلُّم يجب أن يقتصر على التغيرات التي تتخذ صورة التحسن أو التقدم أو الزيادة. وبهذا يصبح النمو جزءاً من مفهومي النضج والتعلم في المراحل العمرية التي تستمر حتى مرحلة الشيخوخة أو الهرم[1].

ويكون مفهوم النمو أكثر وضوحاً في الخصائص الجسمية كالطول والوزن وحجم القلب، وقد استخدم هذا المفهوم في ميدان السمات النفسية من أجل

---

(1) د. فؤاد أبو حطب و د. آمال صادق، مرجع سابق، ص 106.

التوصل إلى اتجاهات ثابتة مماثلة للاتجاهات المعروفة في الخصائص الجسمية. إلاَّ أنَّ تطبيق هذا المفهوم في ميدان السلوك كان أقل دقة. فلا نستطيع القول مثلاً بحدوث نمو على نحو شمولي في الذكاء؛ لأن طبيعة الذكاء تختلف من مرحلة إلى أخرى.

وغاية ما يمكن قوله أن نمو الذكاء يتزايد في المراحل العمرية بحيث يستطيع الأفراد في بعض مراحل عمرهم أن يَحُلوا مشكلات أكثر صعوبة من المشكلات التي كانوا يستطيعون حلها في مراحلهم العمرية السابقة.

ويفترض في ضوء المناقشة السابقة لمفهومي النضج والتعلم القول بأنَّ النمو باعتباره تحسناً وتقدماً يتوقف عند حدٍ معيَّن يسمى بالحدِّ الفسيولوجي.

ويوضح الشكل التالي صورة العلاقة بين الارتقاء والنضج والتعلُّم والنمو.

شكل رقم (1)

العلاقة بين الارتقاء والنضج والتعلُّم والنمو.

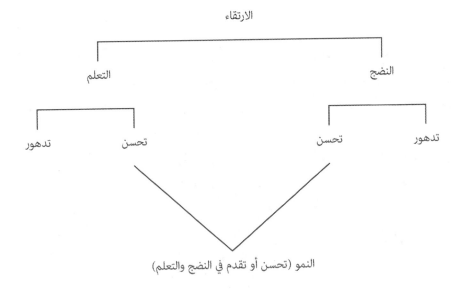

علاقة التعلم بالنمو:

يمكن القول بإيجاز أن التعلُّم دالّة النمو، فكما أن الـتعلُّم يعتمـد عـلى النضـج لدرجة أنه من الغباء تعليم طفل عمره سنتان قيادة سيارة؛ نظراً لأنَّ الـتعلُّم يعتمـد أيضاً على النمو حتى أنه من الغباء أن يـتعلم الطفـل القـراءة قبـل أن يبلـغ مرحلـة العمر اللازمة لذلك. ولهذا فإن مستوى نمو الفرد عامل أساسي في تعلُّمـه، ومـع ذلـك يجب أن تدرك أيضاً بأن التعلم هو أحد العوامل المؤثرة في النمو..

مفهوم التعلُّم والتعليم والتدريس:

يرتبط التعلُّم والتعليم بعلاقة وثيقة إلى درجة أنهما يعدان كلمتـين مترادفتـين، حيث يطلق على عملية التربية تعبير العملية التعليمية التعلُّمية. وقد سـبق أن بيّنـا مفهوم التعلُّم فما المقصود بعملية التعليم؟.

قلنا أنَّ التعلُّم هو: تغيّر شبه دائم في أداء الفرد يحدث نتيجة تعرضـه لظـروف الخبرة أو الممارسة أو التدريب. أما التعليم فهو عملية أوسع من التعلُّم؛ لأنَّه يشـمل عملية التعلُّم بالإضافة إلى العنصرين التاليين:

أ. تحديد السلوك الذي يجب تعلمه وتحديد الشروط أو الظـروف التـي يـتم فيهـا هذا التعلُّم والتي تلائم السلوك موضوع التعلُّم.

ب. التحكم في الظروف التي تؤثر في سلوك المتعلم بحيث يصبح هذا السلوك تحت سيطرتها من أجل تحسينه كماً وكيفاً.

ويفهم من ذلك أنَّ عملية التعليم أكثر شمولية من عمليـة الـتعلُّم؛ لأنهـا هـي التي تواجه تعلُّم الإنسان وتحدِّده وفق معايير وأهداف محدّدة..

أن التمييز بـين الـتعلُّم والتعلـيم لا يعنـي أن كـلا مـنهما مسـتقل عـن الآخـر. فالتعلُّم والتعليم عمليتان متـداخلتان ومتكاملتـان. ويؤكـد ذلـك قـول عـالم المنطـق سميث

(Smith): إذا لم يتعلم التلاميذ فإن ذلك يعني أن المعلم لم يعلم أولاً أو أنه عَلَّم تلاميذه بطريقة غير ملائمة أو على نحو غير كافٍ ثانياً..

فالتعليم ليس إلاّ تحديداً للتعلم وتحكماً في شروطه، لأن التلاميذ يمكن أن يتعلموا بشكل ذاتي أو تلقائي أو بشكل غير مقصود عن طريق التعلُّم العرضي أو المصاحب، وحتى لو كان التعلُّم على درجة كبيرة من الكفاءة فإن ذلك لا يؤدي بالضرورة إلى التعلُّم إذا كان التلاميذ أقل إنتاجاً أو دافعية أو استعداداً، أو إذا كانت مدخلاتهم السلوكية غير ملائمة.

إن غاية عملية التعليم تيسير عملية التعلُّم، فنحن لا نعلم لغرض التعلُّم في ذاته، وإنما لكي يتعلم التلاميذ، ومع أن فشل التلاميذ في التعلُّم لا يعني بالضرورة نقصاناً في كفاءة شروطه وظروفه فإن التعليم لا يزال المقياس الممكن والموضوعي لنجاح عملية التعلُّم.

ومن ناحية أخرى لا يكون التعليم فعّالاً إلاّ إذا عالج المتغيرات النفسية التي تتحكم في عملية التعلُّم كالانتباه أو الدافعية أو الاستعداد عند التلاميذ..

ولما كانت مهمة علم النفس التربوي تتصل مباشرة بالتعلم الذي يحدث داخل المدرسة فإن عملية التعلُّم والتعليم تعدان موضوع علم النفس التربوي، أما التدريس فهو موضوع علم المناهج وطرق التدريس. فعلم النفس التربوي يهتم بالمبادئ العّامة التي تسهّل التعلُّم والتعليم اللذان يُتمّان في المدرسة، أما علّم المناهج فهو يتناول الجانب الفني من هذه المبادئ العامة، أي الجانب الذي يتعلق بفن التدريس وتفاصيله داخل الصف وخارجه، كما يوجد ويرشد عملية التعلُّم والتعليم والتدريس من قبل المعلم أو الآلة التدريسية التي قد تستخدم في التدريس.

حاجة الإنسان إلى التعلُّم وأهميته في حياته:

يُعد الإنسان أكثر الكائنات الحية حاجة إلى التعلُّم، وأقدرها عليه، فالحيوانات

تولد مزودة بالفطرة بأنماط سلوكية تعرف بغرائز الحيوان كغريزة بناء العش عند الطيور، أو ادِّخار الطعام عند النمل. وهذه الغرائز تكفي لإشباع حاجاتها وتجعلها تتكيف مع بيئتها المحدودة الثابتة نسبياً. أما الإنسان فلا يوجد لديه عند ولادته إلاَّ القليل من الأنماط السلوكية الفطرية كعمليات الرضاعة والزحف والحبو والمشي والقبض على الأشياء وإصدار الأصوات الكلامية البسيطة، لذلك كان عجزه عن مواجهة مطالب الحياة المادية والاجتماعية عند الميلاد أكبر من أيِّ كائن آخر، ومن ثم استلزم أن تطول مدة حضانته ورعايته؛ حتى يتعلم ويكتسب ألواناً من السلوك تمكنه من إرضاء دوافعه وحاجاته التي لا حصر لها، كما تمكنه من العيش في بيئته الإنسانية المعقدة المتغيّرة التي تجعله قادراً على التكيف معها..

وتبدو أهمية التعلم وخطورته في حياة الإنسان لو تصورنا شخصاً كبيراً فقد كل ما تعلمه وما اكتسبه طوال حياته فكيف يمكن أن يتصور حاله؟. بلا شك أنه لن يستطع إشباع دوافعه وحاجاته العضوية بصورة مرضية، ولن يستطيع أن يلبس ملابسه أو يعرف معناها، ولن يستطيع النطق إلاّ بأصوات أو مقاطع غريبة ومن ثم يعجز عن الاتصال بالآخرين.

كما لا يكون للآداب الاجتماعية وعادات النظافة والتوقيت والتمييز بين الصواب والخطأ أو الحق والباطل أثراً في حياته وحتى البيئة المحيطة به تصبح لا معنى لها في نظره بما فيها أقرب الناس إليه كوالديه وأقربائه الذين يصبحون غرباء عنه لا يعرفهم ولا يتعرف إليهم إضافة إلى أنَّ هذا الإنسان سيكون محروماً من كلِّ مظاهر التراث الاجتماعي التي تناقلتها الأجيال عن طريق اللغة والحضارة...

وهكذا فإنَّ التعلم يزودنا بالمهارات أو العادات أو المعارف التي تتوقَّف عليها حياتنا، ولولاها لما كان لحياتنا معنى أو قيمة.

أهمية دراسة سيكولوجية التعلم للمربين:

قلنا إنَّ السلوك البشري ناتج عن التعلُّم، من هنا يستحيل فهم السلوك البشري دون فهم التعلُّم. ومع أنَّ علماء النفس يختلفون في الأهمية التي يعطونها للتعلُّم، إلاّ أنَّهم يؤكدون على أهميته، ولذلك كان لابد لمن يعمل في التربية من أن يوليه أهمية كبيرة. والمعلم بالذات لا يستطيع أن ينهض بالعملية إلاّ إذا فهم كيف يتعلم الأطفال وماذا يتعلمون وأهمية الطرق التي تساعدهم على التعلُّم من أجل مساعدتهم على أن يتعلموا بأحسن صورة وبأقل وقت وجهد ممكن.

ويقصد بسيكولوجية التعلُّم، مجموعة التطبيقات التي تفيد المربين في المواقف التربوية المختلفة، سواء في المنزل أو المدرسة أو الملعب أو النادي أو المصنع أو السوق أو مراكز التدريب العسكري أو المهني، وتتجلّى أبرز فوائد دراسة سيكولوجية التعلُّم في جانبين هما:

أ. تحسين الممارسة العملية في ميدان التعليم من خلال تجنب الطرق غير الصحيحة في التعلُّم. وإذا تحقق هذا الهدف فإن ذلك يؤدي إلى اقتصاد كبير في الوقت والجهد والنفقات وتقليل في الفاقد التربوي.

ب. مواجهة المشكلات الأساسية التي تتعلق بعلم النفس مثل مشاكل النمو والدوافع والسلوك الاجتماعي والشخصي وما لها من أثر في عملية التعلُّم....

أهمية علم نفس التعلم والتعليم:

إن أهمية علم النفس التربوي تكمن في كثير من المجالات المرتبطة بعمليتي التعلم والتعليم. فهي تكمن في طبيعة الموضوعات التي يعالجها والتي سوف نتطرق إليها في هذا المقرر بشيء من التفصيل، وهي موضوعات أساسية لكل معلم وذلك مثل الأهداف التربوية ونظريات التعلم والعوامل المؤثرة في التعلم والدافعية والفروق الفردية ونتائج التعلم والذاكرة والنسيان.

فهو يساعد المعلم على إدراك مفهوم الأهداف التعليمية ودورها في العملية التعليمية كما يفيده في تعريف الأهداف التعليمية تعريفا إجرائيا. والمقصود بالتعريف الإجرائي للأهداف هو تحويلها أو ترجمتها إلى عبارات سلوكية واضحة تكون قابلة للقياس والتنفيذ.

ويعمل علم النفس التربوي كذلك على تزويد المعلم بالأساليب والوسائل الأكثر فاعلية في تحقيق تلك الأهداف. كما يفيده أيضاً في تعريف دوافع السلوك للتلاميذ ووسائل تحسين إقبالهم على الدروس بشوق وشغف وحماس. ويفيد علم النفس التربوي كذلك في دراسة سيكولوجية التعلم حيث يمد المعلم بالقوانين والمبادئ وأنواع النظريات التي تساعده على اتخاذ القرارات السليمة في توجيه اهتمامات التلاميذ وتكوين العادات والاتجاهات النفسية الصالحة. كما يعمل على إرشاد المعلم إلى تصميم وبناء أدوات القياس والاختبارات للتأكد من مدى تحقيق الأهداف التعليمية حيث يزوده بالمهارات الأساسية لإعداد أدوات التقويم الصحيحة للتعرف إلى مستوى تقدم التلاميذ والكشف عن مواطن ضعفهم وتشخيص الصعوبات والمشكلات التي يواجهونها. كما تكمن أهميته كذلك في كونه أحد المجالات التي تزود المعلم بالعناصر الأساسية في التدريب اللازم لمواجهة تحديات العصر ـ وذلك بسعيه إلى استخدام الأساليب العلمية في إيجاد الحلول للمشكلات التي يعاني منها المعلم.

أهداف علم النفس التعلم والتعليم:

يهدف علم نفس التعلم والتعليم إلى مساعدة المعلم على تحقيق أهداف عديدة حيث يعمل على تزويده بالمعارف والمعلومات المهنية والقدرات والمهارات التدريسية من أجل تحقيق الكفاية المهنية وفهم التلميذ والوقوف على العوامل التربوية التي تساعد على تنمية التلميذ من جميع نواحي نمو شخصيته. وفيما يلي نقدم إليك مجموعة من الأهداف التي يعمل علم نفس التعلم والتعليم على تحقيقها بغرض إفادة المعلم منها:

- إلمام المعلم بالمبادئ والقوانين والمفاهيم النفسية التي ترتبط بنمو التلاميذ على اختلاف مراحل نموهم وأعمارهم.

- التعرف إلى العوامل المختلفة التي تؤثر في عملية التعلم والتعليم داخل الفصل الدراسي وخارجه.

- إدراك أهمية مراعاة الفروق الفردية بين التلاميذ والعمل على تكييف أساليب وطرق التعليم لتتلاءم مع اهتماماتهم وميولهم المختلفة.

- زيادة قدرة المعلم على فهم الحقائق والمبادئ والطرق التي لها فائدتها القصوى في المواقف التعليمية المختلفة داخل الفصل الدراسية.

- التعرف إلى طبيعة آليات التعلم ومبادئه وقوانينه والوقوف على الشروط والعوامل المؤثرة فيه إيجابا وسلبا.

- تزويد المعلم بأهم الاتجاهات التي فسرت التعليم والتي تبلورت على شكل ما يعرف الآن بنظريات التعلم.

- تزويد المعلم بالمفاهيم والمعلومات التي تمكنه من تحسين نوعية التدريس.

- القدرة على فهم المصطلحات المستخدمة في علم نفس التعلم والتعليم للاستفادة من الدراسات والبحوث التي يقوم المتخصصون بإعدادها في مجال هذا العلم.

- القدرة على فهم الدافعية عند التلاميذ لبذل أكبر جهد من أجل تنمية حاجاتهم واهتماماتهم.

- القدرة على ربط الأهداف التعليمية باهتمامات وميول وحاجات التلاميذ والعمل على ترجمتها إلى فرص عملية لتنمية قدرات التلاميذ المختلفة.

- زيادة قدرة المعلم على تطبيق المبادئ والقوانين المرتبطة بعمليتي التعلم والتعليم.

الفصل الثاني

القـــــدرات

الفصل الثاني

القـــــدرات

مقدمة:

تعريف القدرة:

يكاد يتفق أغلب علماء النفس على تحديد معنى القدرة تحديداً إجرائياً بالأداء الذي يسفر عنها ويـدل عليهـا، فيعرفهـا وارن (H.C. Warrn) وبرجهـام (.W.R.P Birgham) بأنها القوة على أداء الاستجابة. وهي تشمل على المهارات الحركية، وعلى حل المشاكل العقلية.

ويعرفها درفر (Drever) بأنها القوة عـلى أداء الفعل البـدني أو العقـلي قبـل التدريب أو بعده. وهو في هذا يسوي بـين القدرة والاستعداد، مثلـه في ذلك مثـل (ثيرستون) الذي يعرفها بأنها صفة تتحدد بما يمكن أن يقوم الفرد بفعله.

ويعرفها فيرنون (Vernon) بأنها تعني وجود طائفة من الأداء الذي يـرتبط مع بعضه ارتباطاً عالياً، ويتمايـز إلى حـد مـا كطائفـة عـن غيره مـن التجمعـات الأخرى للأداء، أي أن ارتباطه بالطوائف الأخرى ضعيف بحيث لا يـدل على علاقـة قوية قائمة.

ويعـرف سيشـور (Seashore) القـدرة بأنهـا مقيـاس لمعـدل التـعلم المحتمـل حدوثه. أي أن القدرة تتضمن استعداداً قائماً لدى الفرد يمكنه من تعلم شيء ما.

ويرى تيفن (Tiffin) أن مفهوم القدرة يشير إلى السعة التي أنميـت، أو إلى المعلومات أو المهارات التي تم إنماؤها بالفعل، وعلى هذا فقد يظهر الفرد الذي

يتمتع بسعة محدودة وحصل على قدر كبير من التدريب قدراً أعلى من الفرد الذي يتمتع بسعة كبيرة ولم يحصل على التدريب الكافي.

ويعرفها راجح (1985) بأنها كل ما يستطيع الفرد أداؤه في اللحظة من أعمال عقلية أو حركية سواء كان ذلك نتيجة تدريب أو بدون تدريب. ويتضح من هذا التعريف جانبان للقدرة: جانب يرتبط بالناحية العقلية، وجانب يرتبط بالناحية الحركية. كما يوضح اختلاف تأثر هذين الجانبين بالخبرات والممارسات التي يمر بها الفرد والمرتبطة بمحتوى القدرة.

ثبات القدرة:

يرى فيرنون (Vernon) إن الثبات من خصائص القدرات، إلا أنه لا يتوقع أن يكون هذا الثبات تاماً. فإذا كان الأفراد يتذبذبون في قدراتهم الميكانيكية مثلاً من يوم لآخر لما أمكن التعرف على وجود القدرة الميكانيكية، أو أي قدرة أخرى. وبالنسبة لهذا التذبذب فإن الكثير من البحوث أكدت أن التغيرات الجوهرية في نسبة الذكاء لدى الفرد هي الشذوذ وليست القاعدة؛ فنسبة ذكاء الأفراد متوسطي الذكاء تظل ثابتة طول حياتهم بوجه عام، وأن ثبات القدرة سواء كانت وراثية أم مكتسبة يبدو أنها تصبح متبلورة في الطفولة المتأخرة وتكون بعد ذلك ثابتة نسبياً (خير الله، 1979).

يتميز بعض الناس بقدرات جسمية كبيرة نتيجة عامل الوراثة أو عامل البيئة، وخلقت لديهم الاستعدادات لبعض التدريبات والتميز في بعض المجالات البدنية. كما يمتلك البعض قدرات فنية أو أدبية أو مهنية، مما يستدعي اكتشاف هذه القدرات لدى المتعلمين وتحويلها إلى عمل مثمر فعال في مجالها. وهناك مقاييس تقيس هذه القدرات، لكن ينبغي اختيارها بدقة وعناية، وأن تكون موجهة نحو الهدف المراد معرفته. ويرى (شحيمي، 1994) أن هناك ترابطاً بين التحصيل الدراسي والنمو الفسيولوجي لدى المتعلم، وأن الحواس الخمسة هي نوافذ المعرفة، وعن طريقها تدخل المعلومات الأولية إلى المخ ليصار إلى ترجمتها وإعطائها

معانيها؛ لذلك فإن الاهتمام بالحواس والمحافظة عليها مدخل لتحديد القدرات. لكن ينبغي التنبه إلى معيار نسبة الذكاء وعدم تجاهل الفروق الفردية.

القدرات والعمر الزمني:

تبين أن الثبات من خصائص القدرات العقلية، إلا أن هذا الثبات لا يتنافى مع الحقيقة الخاصة بتغير تنظيم القدرات. وهذه الحقيقة ذات أهمية كبرى في عملية التوجيه والاختيار التعليمي. يذكر ثيرستون (Thurstone) أن الارتباطات بين الاختبارات السيكولوجية تميل إلى التناقص بزيادة العمر. ويفسر ذلك بأن القدرات العقلية لدى الطفل تكون غير متمايزة تماماً، ومن ثم يستخدم الطفل مدى أوسع من القدرات في حله للمشكلات التي تقدم له أكثر مما يستخدم عندما يستطيع قصر استخدامه لهذه القدرات على تلك الأكثر ملاءمة للمشكلة.

ويتضح من البحوث العديدة أن القدرات العقلية تتمايز وتتبلور في مرحلتي المراهقة والرشد. وهذا يعني أن عملية التوجيه التعليمي ينبغي أن تنتظر حتى تتمايز القدرات، وأن لا تعتمد عملية الاختيار التعليمي على مستوى الذكاء العام فقط، وذلك لأن الكشف عن مستوى الذكاء العام لدى التلميذ يخدم في معرفة الحدود التعليمية التي يمكن أن يصل إليها هذا التلميذ دون إمكانية تحديد نوع المجالات التعليمية المتخصصة التي يمكن توجيهه إليها (خير الله، 1979).

مجالات التعلم:

هناك مجالات عديدة للتعلم، وسوف نتناول منها التعلم اللفظي، وتعلم حل المشكلات، وتعلم الاتجاهات، وتعلم المهارات الحركية، وذلك على النحو التالي:

التعلم اللفظي:

تمثل تجارب ابنجهاوس (Ebbenghaus) حول تعلم مقاطع لفظية لا معنى لها

بداية للبحث العلمي في التعلم البشري. وتابع علماء النفس المنحى الارتباطي في دراسة التعلم اللفظي حتى منتصف الخمسينيات من القرن العشرين، واتجهت معظم اهتماماتهم نحو دراسة العلاقات الوظيفية لبيان أثر العوامل المتنوعة في التعلم اللفظي والذاكرة، غير أن معظم بحوثهم لم تسفر عن نظريات معينة، واشتقوا الكثير من المفاهيم من مبادئ التعلم الحيواني. وبدأت الدراسات في التعلم اللفظي بالتغير منذ أواخر الخمسينيات وأوائل الستينيات من القرن الماضي؛ فقد قام الباحثون بوضع نظريات أو نماذج للتعلم اللفظي، تنحو منحى نماذج معالجة المعلومات، ومؤكدة على الدور الفعال والنشط للمتعلم في التعلم اللفظي والذي يتضح من خلال معالجة المواد اللفظية وتنظيمها (نشواتي، 2003).

تستخدم في بحوث التعلم اللفظي خمسة أشكال أساسية هي: تعلم التسلسل، وتعلم الأزواج المترابطة، وتعلم الاستدعاء الحر، وتعلم التعرف، وتعلم التمييز اللفظي. ونبين هذه الأشكال على النحو التالي:

- تعلم التسلسل:

يضطر الفرد في أوضاع حياتية عديدة إلى تعلم بعض المعلومات وفق ترتيب معين، كأيام الأسبوع أو أشهر السنة، وعليه أن يسترجعها بالترتيب أو التسلسل الذي وردت فيه. لهذا ينطوي تعلم التسلسل على اكتساب المعلومات اللفظية وفق ترتيب معين.

- تعلم الأزواج المترابطة:

يطلب من المتعلم في هذا النوع من التعلم اللفظي أن يربط بين زوجين من الكلمات أو الفقرات أو الوحدات اللفظية. حيث يعرض الباحث على المتعلم قوائم من الوحدات المتزاوجة، بحيث تشكل إحدى الوحدتين مثيراً وتشكل الأخرى

استجابة، وعند الانتهاء من عرض الوحدات المتزاوجة يقوم الباحث بعرض وحدة المثير ويطلب من المتعلم استرجاع وحدة الاستجابة.

- تعلم الاستدعاء الحر:

يتعرض المتعلم في الاستدعاء الحر إلى وحدات لفظية يقدمها الباحث عادة كل وحدة على حدة، ثم يطلب من المتعلم استرجاع هذه الوحدات بالترتيب الذي يرغب فيه المتعلم ذاته، دون التقيد بالترتيب الذي عرضت فيه الوحدات.

- تعلم التعرف:

يتناول هذا التعلم دراسة قدرة المتعلم على التعرف إلى المواد اللفظية التي تعلمها سابقاً. حيث يقوم الباحث بعرض سلسلة من الوحدات اللفظية المتنوعة، كلاً على حدة، على متعلم يخضع بعد هذه العملية إلى اختيار تَعَرُّف يُحدد فيه الفقرات التي يعتقد أنه قد رآها في مرحلة العرض، كما يحدد الفقرات الجديدة التي لم تعرض سابقاً. ويمكن قياس تحسن أداء التعرف من خلال المحاولات المتكررة لعمليتي العرض والاختبار. وتستخدم الفقرات الجديدة عادة كمشتقات، ويقوم الباحث بتغييرها في كل محاولة لمنع المتعلم من حفظها، ويتم عرض فقرتين أو ثلاث فقرات مع كل فقرة قديمة في اختبار التعرف. ويفيد تعلم التعرف في الوقوف على بعض الاستراتيجيات التي يتبعها المتعلم في التعرف إلى المواد اللفظية التي تعلمها، أو إلى القرائن التي يعتمدها في عملية التعرف.

- تعلم التمييز اللفظي:

اتجه الباحثون حديثاً نحو تعلم التمييز اللفظي من التعلم اللفظي، مع أنه نمط تعلمي يجمع بين تعلم التعرف وتعلم الأزواج المترابطة. حيث يقوم الباحث بعرض قائمة من الوحدات اللفظية المتزاوجة، ثم يعيد تشكيل بعض هذه الوحدات في أزواج ويطلب من المتعلم تعيين المزاوجات الصحيحة، أي الأزواج كما وردت في القائمة

الأصلية. ويفيد هذا الإجراء في دراسة استراتيجيات التعرف، وفي أثر الانتقال والتداخل في التعلم (نشواتي، 2003).

تعلم حل المشكلات:

تنطوي مهام تعلم حل المشكلة، عموماً، على وضع تعليمي يقوم فيه المتعلم باكتشاف حل لمشكلة ما تواجهه. ويسمح هذا الوضع عادة بتوافر استجابات أو حلول بديليّة عديدة يمكن القيام بها، قد تؤدي واحدة من هذه الاستجابات أو أكثر إلى الحل المقبول. لهذا السبب تبدو نشاطات حل المشكلة أكثر تعقيداً من النشاطات التعلمية الأخرى نظراً لأن الاستجابات البديليّة في هذه النشاطات محدودة نسبياً لدى مقارنتها ببدائل حل المشكلة. وتشير نتائج تحليل الأوضاع النموذجية لحل المشكلة، خاصة إذا كانت المشكلة موضوع الاهتمام تقع في مجال العلوم، إلى عدد من المراحل يجب إتباعها عند أداء مهام الحل المنشود. وقد اختلف علماء النفس في تحديد عدد مراحل حل المشكلة، إلا أنه يمكن تحديد أربع مراحل رئيسة هي (نشواتي، 2003) (التل وقحل، 2007).

1. مرحلة الاعتراف بالمشكلة وفهمها:

حتى يتمكن المتعلم من حل المشكلة التي تواجهه يجب عليه أولاً الاعتراف بوجود هذه المشكلة، حتى وإن كان يشعر إزاءها بنوع من الصعوبة التي قد تتجاوز قدراته أو مهاراته أو معارفه السابقة. فهذا الاعتراف يولد لديه النزوع بحماسة إلى البحث عن حل لها. لكن لابد له من فهم المشكلة الفهم الكامل الذي يتوافر من خلال التعرف إلى أبعاد المشكلة المختلفة العلاقية وغير العلاقية، وجمع المعلومات الضرورية ذات الصلة بها.

2. مرحلة توليد الأفكار وتكوين الفرضيات:

يقوم المتعلم في هذه المرحلة بتوليد الأفكار العلاقية وغير العلاقية بحثاً عن

أكبر عدد ممكن من الحلول البديلة. وتتطلب هذه المرحلة نوعاً من التفكير الابتكاري الذي يقود إلى العديد من الأفكار، وإن كان يكتنفها بعض الغموض، أو كانت تبدو للوهلة الأولى وكأنها لا علاقة لها بالمشكلة موضوع الحل. ويمكن للمعلم في هذه المرحلة أن يلعب دوراً رئيساً في توليد العديد من الأفكار عند طلابه باستخدام استراتيجيات مختلفة، كطرح الأسئلة المفتوحة التي تحتمل أكثر من إجابة مقبولة، وتقبل أفكار الطلاب بغض النظر عن مناسبتها أو درجة أهميتها، وتوجيه انتباه الطلاب إلى العوامل العلاقية للمشكلة، وتزودهم بالقرائن التي تساندهم على توليد الأفكار. ويقوم المتعلم بعد توليد الأفكار الممكنة بتطوير هذه الأفكار وتصفيتها لصياغة عدد من الفرضيات أو البدائل التي تبدو حلولاً ممكنة للمشكلة.

3. مرحلة اتخاذ القرار بالفرضية المناسبة:

يستخدم المتعلم في هذه المرحلة عدداً من الاستراتيجيات في معالجة الفرضيات التي توافدت لديه في المرحلة السابقة لاتخاذ القرار بتحديد الفرضية المناسبة للحل، حيث يقوم بعمليات مقارنة بين الفرضيات تتناول علاقة كل منهما بالحل المنشود.

4. مرحلة اختبار الفرضية وتقويمها:

يقوم المتعلم في هذه المرحلة باختبار صحة الفرضية المنتقاة، وذلك بتطبيقها على الوضع التعليمي المشكل للوقوف على مدى قدرتها على تحقيق أو إنجاز الحل المرغوب فيه. وفي ضوء ما ينتج عن عملية التطبيق يمارس المتعلم عمليات تقويمية مختلفة تمكنه من تغيير أو تعديل أو تطوير الفرضية موضوع التجريب. ويبرز دور المعلم في هذه المرحلة من خلال تزويد المتعلم بالتغذية الراجعة المناسبة، كالتشجيع على المضي قدماً في إجراءات الحل، أو توجيه الانتباه إلى بعض الجوانب دون أخرى، أو بيان الأخطاء المرتكبة...الخ. وإذا لم تسفر نتائج هذه المرحلة عن الحل المرغوب فيه يجب مراعاة النظر في بعض هذه المراحل أو في جميعها، فقد يعود

الفشل إلى نقص في المعلومات، أو إلى فرضيات غير قابلة للتطبيق، أو إلى انتقاء البديل غير المناسب، أو إلى عدم فهم المشكلة فهماً كلياً.

تعلم الاتجاهات:

تشير الاتجاهات إلى نزعات تؤهل الفرد للاستجابة بأنماط سلوكية محددة نحو أشخاص أو أفكار أو حوادث أو أوضاع أو أشياء معينة، وتؤلف نظاماً معقداً تتفاعل فيه مجموعة كبيرة من المتغيرات المتنوعة.

يمكن اكتساب الاتجاهات وتعديلها بالتعلم، وهي تخضع للمبادئ والقوانين التي تحكم أنماط السلوك الأخرى؛ فقد تتكون بعض الاتجاهات بالملاحظة والتقليد، حيث يشكل الآباء والمعلمون وبعض الراشدين والإخوة والأقران نماذج يعمل الطفل على ملاحظة سلوكها وتقليده. وقد بين باندورا (Bandura) أن العديد من الاتجاهات يمكن اكتسابها بمجرد ملاحظة سلوك النموذج وتقليده، وهذا يوحي بأهمية الدور الذي يمكن أن يؤديه المعلم النموذج في تشكيل بعض هذه الاتجاهات عند طلابه، فهو له تأثير في الجانب العاطفي كما له تأثير في الجانب المعرفي؛ فقد يتأثر الأطفال بسلوك معلمهم أكثر من تأثرهم بأقواله، فالمحاضرة التي تتناول العدل أو الحق أو الخير لا تشكل اتجاهات إيجابية عند المتعلم نحو هذه المفاهيم إذا كان عرضة للظلم أو الشر أو العدوان. لذا يجب تزويده بنماذج تمارس الاتجاهات المرغوب فيها على نحو فعلي، وعدم الاقتصار على الأسلوب الوعظي أو الخطابي فقط.

وقد تتكون اتجاهات أخرى نتيجة التعلم الشرطي بنوعيه الاستجابي والإجرائي؛ فالعديد من الاتجاهات السلبية والإيجابية تتطور لدى تلاميذ المدارس، بخاصة في مرحلة رياض الأطفال والمرحلة الابتدائية، من خلال إشراط بعض الخبرات الانفعالية السارة وغير السارة ببعض الأوضاع التعليمية والمدرسية، الأمر الذي يؤدي إلى إقبال هؤلاء التلاميذ على المدرسة أو إحجامهم عنها.

إن الاتجاهات بالرغم من أنها ثابتة نسبياً وتقاوم التغيير، إلا إنها تكون عرضة للتعديل والتغير نتيجة للتفاعل المستمر بين الفرد ومتغيرات بيئته، ونتيجة ما يستجد على بيئة الفرد من ظروف أو شروط.

تعتمد بعض أساليب تغيير الاتجاهات على الجانب المعرفي، وتنطوي على استخدام الحجج المنطقية وشرح المعلومات والحقائق الموضوعية الخاصة بموضوع الاتجاه، كما تعتمد أساليب أخرى على الجانب العاطفي. غير أن فعالية أي أسلوب تتوقف على التوفيق بين مفهوم الذات الراهن للفرد وطبيعة الاتجاه موضوع التعديل أو التغيير؛ فالأسلوب المعرفي لا يغدو فعالاً إلا إذا اتصف المتعلم بعقل مفتوح وتقبل للحقائق الموضوعية والمعلومات الواقعية، وقد يصبح أثر هذا المفهوم محدوداً نسبياً إذا كان المكون العاطفي للاتجاه المرغوب في تعديله قوياً وسائداً، أو كان موضوع الاتجاه ذا علاقة وثيقة بمفهوم الذات (نشواتي، 2003).

تعلم المهارات الحركية:

يشير تعلم المهارات الحركية إلى أي نشاط سلوكي يجب على المتعلم فيه أن يكتسب سلسلة من الاستجابات التي تتطلب استخدام حركات جسمية. ويستخدم علماء النفس مصطلح المهارات الحركية، ومصطلح المهارات النفسحركية، ومصطلح المهارات الحركية الإدراكية، على نحو تبادلي للإشارة إلى السلوك أو الاستجابات أو المهارات الحركية التي تتطلب تناسقاً عصبياً - عضلياً، أي أن المهارات تتضمن جانباً نفسياً (إدراكي) وجانباً حركياً. ويتطلب إنتاج هذه المهارات نوعاً من التنسيق بين المثيرات المدخلية (النشاط الإدراكي) والاستجابة الحركية.

ينطوي نموذج تعلم المهارات الحركية في الأوضاع المدرسية المتنوعة على مجموعة من الإجراءات المنظمة التي تتناول شرح المهارة موضوع التعلم، وتعريض المتعلم لنماذج تقوم بأداء هذه المهارة، ومن ثم قيام المتعلم ذاته بأدائها، وتزويده بالتغذية الراجعة المناسبة. وعلى الرغم من أن تعلم المهارة الحركية يشكل عملية

متواصلة ومستمرة على حد بعيد، إلا أن علماء النفس ينزعون إلى تمييز عدد من المراحل الرئيسة التي يتطور التعلم عبرها.

لقد ميز فيتس وبوسنر (Fitts and Posner) ثلاث من مراحل أساسية لتعلم المهارات الحركية هي:

1. المرحلة المعرفية:

يحاول الإنسان في بداية تعلم أية مهارة حركية فهم المهمة ومتطلباتها، وذلك بالوقوف على خصائصها وشروط أدائها والتفكير في مكوناتها. ويتطلب من المعلم أو المدرب في هذه المرحلة البكرة من التعلم مساعدة المتعلمين على تحديد الأجزاء أو الاستجابات الفرعية المكونة للمهارة موضوع التعلم، وتوجيههم نحو الطرق والقرائن المهمة المؤدية إلى السلوك الحركي الصحيح، وتوفير الفرص لممارسة كل جزء من أجزاء المهارة على حدة، وفي الوقت المناسب. كما يتطلب من المعلم في هذه المرحلة عدم تزويد المتعلمين بالتفصيلات الدقيقة المطولة، وعدم إعطاء أية معلومات جديدة، قبل تمكين المتعلمين من معالجة المعلومات السابقة.

2. المرحلة الارتباطية:

تغدو استجابات المتعلم الحركية لدى تقدم التعلم أو التدريب أكثر تطوراً وإتقاناً لدى أداء الاستجابات المستقبلية، وتتلاشى الاستجابات غير المناسبة التي قد ترافق الأداء المبكر، وترتبط في هذه المرحلة الاستجابات الجزئية فيما بينها لقرائن معينة بحيث تشكل سلسلة استجابية واحدة ومتكاملة. إن التعلم الحركي في المرحلة الارتباطية شبيه بتعلم الارتباط بين المثير والاستجابة في التعلم اللفظي، ويتضح ذلك في تعلم الكتابة على الآلة الكاتبة، حيث يترتب على المتعلم أن يضغط على مفتاح معين لإنتاج الحرف المطلوب دون النظر إلى لوحة المفاتيح كما كان يفعل في بداية التعلم. كما يجب عليه إنتاج سلسلة متقنة من

الاستجابات المترابطة وبمعدل ثابت نسبياً، بحيث تصبح الكلمة الكلية قرينة لعدد من الاستجابات الجزئية التي تتبدى كاستجابة واحدة. ويجب على المعلم في هذه المرحلة أن يحث المتعلمين على التفكير في أداء المهارة ككل، وليس في كل جزء من أجزائها، للوصول بهم إلى أداء حركي ماهر وذي معدل ثابت ومعقول.

3. المرحلة الاستقلالية:

تشكل المرحلة الاستقلالية آخر مراحل التعلم الحركي، حيث لم يعد المتعلم بحاجة إلى التفكير بالاستجابات التالية المكونة للمهارة، بل يستقل نمط الأداء الاستجابي الحركي بذاته، أي يتحرر من عمليات الضبط التي تمارسها عليه القوى الحسية والمعرفية ذات العلاقة، وتغدو المهارة فعالة ومستقلة. يستطيع المتعلم في المرحلة الاستقلالية تنفيذ المهارة المكتسبة بمستوى إتقان مقبول دون انتباه وتنظيم معرفي كبيرين، بل على العكس، فقد يؤدي التفكير المركز في المهارة إلى إعاقة الأداء الحركي أو إضعافه.

إن استقلالية المهارة الحركية لا تعني ثبات معدل أو سرعة أدائها، فالدلائل تشير إلى عدم وجود مستوى أداء ثابت بشكل مطلق، فتجاوز الأرقام القياسية للكثير من الألعاب الرياضية، وتحسين مستوى أداء المهارات المتعلقة بالإنتاج الصناعي، وتطور العديد من المهارات المهنية الأخرى، هي أدلة واضحة على إمكانية تحسين الأداء الحركي. ويعود التحسن الذي يطرأ على هذا الأداء إلى اكتساب أو تطوير أساليب استجابية جديدة وأكثر فاعلية في تنفيذ المهام الحركية.

وينبغي التأكيد هنا على عدد من المبادئ الضرورية اللازمة في تعليم المهارات الحركية، منها (حسان، 1989):

- البدء بتدريب المهارة في الوقت الذي يكون فيه الفرد جاهزاً ومستعداً من

الناحية البيولوجية للاستفادة من التدريب، مما يؤدي إلى إتقان هذه المهارة بمستوى مرتفع.

- توفير الفرص والظروف المناسبة للتدريب على المهارة.

- توفير الوقت الكافي للممارسة والتمرين والإعادة، خاصة إذا كانت المهارة معقدة وتتكون من حركات كثيرة ومتشابكة، مع الاهتمام بنوعية التمرين وتنظيمه.

- توفير نماذج جيدة تقوم بأداء المهام أمام المتدربين حتى يتعلموا بالملاحظة والتقليد لما لها من دور في المساعدة على تعلم المهارات الحركية.

- إيجاد مستوى من الدافعية عند المتدربين حيث يبقى المتدرب مهتماً ولديه الرغبة في الإقبال على تعلم المهارات، وعدم إغفال أثر التعزيزات الخارجية لما لها من أهمية في دفع المتدرب نحو مزيد من التعلم والتدريب والإتقان.

- تعلم كل مهارة من المهارات الحركية منفصلة عن غيرها.

أنماط التعلم:

حدد روبرت جانييه ثمانية أنماط من التعلم، تبدأ من أسهل أنماط التعلم إلى أصعبها، وهذه الأنماط هي:

1. التعلم الإشاري:

يعد التعلم الإشاري أدنى المستويات التعليمية، ويتمثل في اكتساب عادة إجراء استجابة عامة لإشارة ما. ومن الأمثلة على هذا النمط من التعلم الشعور بالقلق لرؤية ورقة الامتحان، أو الشعور بالسرور لسماع صوت المحبوب. ويستند هذا النمط على نظرية التعلم الشرطي الكلاسيكي لبافلوف.

2. تعلم المثير – الاستجابة:

يأتي تعلم المثير – الاستجابة في المرتبة الثانية من قاعدة الهرم بين المستويات التعليمية، ويشير هذا النمط من التعلم إلى الاستجابات الأكثر إرادية من سابقتها في النمط الأول. ويتمثل في قدرة الطفل على إعطاء استجابة محددة لمثير محدد، وغالباً ما يشير إلى الاستجابات العضلية أو الحركية، كقول الطفل كلمة "بابا" عند رؤية أبيه، وهي كلمة تتضمن حركة محددة من اللسان والشفاه، وقد استند (جانييه) في تحديده هذا النمط على نظرية المحاولة والخطأ لثورندايك، ونظرية الإشراط الإجرائي لسكنر.

3. تعلم التسلسل الحركي:

يقصد بتعلم التسلسل الحركي الترابط بين عدة وحدات كل منها تشتمل على مثير واستجابة في شكل سلسلة سلوكية متكاملة (استجابة كلية). ويتمثل في قدرة الطفل على ربط سلسلة من التعليمات، كأن يتمكن من كتابة اسمه بوضع الأحرف في أماكنها الصحيحة، والربط بينها، ووضع النقاط في أماكنها الصحيحة. ويظهر في هذا النمط إستراتيجية المتعلم في الأداء الحركي مما يرجح استناد (جانييه) إلى نظرية (جاثري) في تحديد هذا النمط.

4. تعلم الترابطات اللفظية:

يتشابه تعلم الترابطات اللفظية مع التعلم السابق في أن تعلم كليهما يكون على شكل سلسلة متكاملة من المثيرات والاستجابات. ويتمثل في قدرة الطفل على تكوين السلاسل اللفظية التي تتضمن الكلمات والمقاطع. ومن الأمثلة على هذا النمط من التعلم تعلم المفردات الأجنبية المقابلة لبعض المفردات العربية.

5. تعلم التمايزات المزدوجة:

يطلق جانييه على تعلم التمايزات المزدوجة أحياناً بتعلم التمييز المتعدد. ويتمثل في قدرة الطفل على التفريق بين منظومات من المثيرات وإعطاء الاستجابات المناسبة لكل جزء من المنظومة. ومن الأمثلة على هذا النمط من التعلم التفريق بين أصناف السيارات، والطائرات، والأشكال المختلفة للأعمدة المستخدمة في البناء، وأنواع الصخور، والنباتات، وما إلى ذلك.

6. يعد مستوى تعلم المفهوم أكثر تعقيداً مما سبق

حيث يتمثل في قدرة الطفل على الاستجابة بمجموعة من المثيرات على أنها صنف واحد، وإعطائها صفة مجردة أو تسميتها؛ فالقدرة على تصنيف المحتويات تعكس قدرة الطفل على وضع الأشياء المتشابهة في خاصية ما مع بعضها البعض. مما يعني أن هذا النمط من التعلم يتضمن التصنيف والتمييز والتعميم، وهي مهارات عقلية لا يحققها المتعلم في الأنماط السابقة.

7. تعلم المبدأ:

يتمثل تعلم المبدأ في قدرة الطفل على الحصول على المعلومات وفهم العلاقات بين المفاهيم، حيث أن المبدأ هو علاقة ما بين مفهومين أو أكثر، "فالأجسام تتمدد بالحرارة عبارة عن مبدأ يتضمن علاقة بين مفهومين أو أكثر.

8. تعلم حل المشكلات:

يقع تعلم حل المشكلات في قمة هرم جانييه للمستويات التعليمية، ويتمثل في استخدام المبادئ التي تم تعلمها في المستوى السابق من أجل حل مشكلة ما، أو من أجل الوصول إلى مبدأ جديد. وقد يتضمن حل المشكلات إعادة ترتيب العلاقة بين بعض المفاهيم في المبدأ الواحد، وبينهما وبين بعض المبادئ الأخرى (توق وعدس، 1984)، و (سركز وخليل، 1993).

إن فائدة المعرفة بتصنيف جانييه لأنماط التعلم، وصلتها بالأهداف التعلمية تكمن في خاصيتها الهرمية. إن التعلم من المستويات الأدنى متطلب سابق للتعلم في المستويات المتقدمة، وكذلك، فإن تعلم بعض الأهداف يصبح ضرورياً لتعلم الأهداف الأخرى الأكثر تقدماً. وهذا يعني ضرورة تصنيف الأهداف هرمياً لتعكس أنواع التعلم المطلوبة فيها من جهة، ولتحديد المتطلبات السابقة لكل هدف من جهة ثانية. وقد استخدم جانييه هذه الأفكار لتطوير سلاسل من خطوات متعددة لتعلم الأداء المعقدة. وتمثل السلاسل بناء المادة التعليمية أفقياً لتمثيل تعلم الأداءات ذات المستوى الواحد من الصعوبة، وعمودياً لتمثيل تعلم الأداءات المتزايدة الصعوبة.

الفصل الثالث

الاستعداد

الفصل الثالث

الاســــتــــعـــــداد

مقدمة:

الاستعداد يعني وصول الفرد إلى مستوى من النضج يمكّنه من تحصيل الخبرة أو المهارة عن طريق عوامل التعلم الأخرى المؤثِّرة، ومن أبرز ما يمتاز به ما يلي[1]:

- إنَّه يتكوَّن من محصِّلة مجموع الأنماط الاستجابية والقدرات التي توجد لدى الفرد في أيٍّ وقت معيَّن.
- إنَّه يتوقَّف على النضج الجسمي والعقلي، وعلى الاستجابات التي تعلَّمها. الفرد من قبل.
- إنَّه يحدِّد أنواع الاستجابات التي يمكن أن يستخدمها الفرد في أيٍّ موقف جديد. بمعنى أنَّه يحدِّد ما يستطيع الفرد أن يفعله.

وعليه فإن الاستعداد لتعلُّم الشيء يعني القدرة على تعلُّمه أو القابلية لتعلُّمه، وإنَّ قدرة الفرد على التعلُّم يحدِّدها عاملان اثنان هما: نضجه (المستوى اللازم من النمو) وخبراته السابقة[2].

ومن الثابت أنَّ الفرد لا يستطيع أداء أيَّة وظيفة إلاَّ إذا وصل الجهاز الخاص

---

(1) د. فكري حسن ريَّان، الاستعداد للتعلُّم، ص 27.

(2) د. راضي الوقفي وآخرون، التخطيط الدراسي، ص 6.

بها إلى مستوى معيَّن من النمو يطلق عليه النضج[1]. بمعنى أنَّه لا يستطيع تعلُّم أي شيء إلاَّ إذا وصل إلى المستوى اللازم من النموِّ لتعلُّم هذا الشيء. فقدرة الطفل على تعلُّم اللغة مثلاً مشروطة بنضج جهازه الصوتي ووظائفه العقلية، وقدرته على تعلُّم الكتابة مشروطةٌ بوصول عضلات أصابعه إلى مستوى كافٍ من النمو يمكِّنه من مسك القلم وتحريكه بالكيفية المطلوبة. وكذلك الحال بالنسبة للجانب العقلي، حيث أنَّ قدرته على استيعاب معنى ضرب الأعداد وقسمتها مشروطة بوصوله إلى النضج العقلي الذي يتطلَّبه هذا النوع من الخبرات.

أمَّا الخبرة السابقة* فتعني ما لدى الفرد من أفكار ومهارات سابقة تتعلَّق بالشيء المراد تعلُّمه، وما يتوافر لديه من اهتمامات وأهداف مناسبة لتعلُّم هذا الشيء. وللتدليل على أن تعلُّم الشيء لا يتأتَّى إلاَّ من تفاعل النضج مع الخبرة، يكفي أن نشير إلى أنَّ قراءة درس في القراءة مثلاً تتطلَّب من التلميذ أن يكون قد بلغ مستوى من النضج الجسمي يعينه على أن يمسك بالكتاب، ويؤدي حركات عينيه في توافق، وأن تتوافر لديه الاهتمامات والأهداف المناسبة للقيام بهذا العمل، وأفكار سابقة يجعل للكلمات المكتوبة معنىً عنده. ويتَّضح لنا من هذا المثال أنَّ النضج يمثِّل الشرط الأول من شروط التعلُّم الهادف المقصود، وأنَّ الخبرة السابقة تمثِّل شرطه الثاني. ومن المعروف أنَّ التغيُّرات التي ترجع إلى النضج* هي تغيُّرات سابقة على الخبرة والتعلُّم؛ لأنَّها توجه نتيجة للتكوين الداخلي للفرد، ولا تلعب

---

(1) د. أحمد زكي صالح، علم النفس التربوي، ص 328.

* الخبرة السابقة يمكن أن تعمل في اتجاهين مختلفين، فهي قد تسهِّل التعلُّم وقد تعوقه. فإذا كان لدى الفرد اهتمام أو اتجاه إيجابي نحوه سَهُلَ عليه تعلمه، أمَّا إذا لم يكن لديه اهتمام به أو كان لديه اتجاه سلبي نحوه صعب عليه تعلُّمه.

* يقصد بالنضج التغيُّرات الداخلية في الكائن الحي أو الفرد التي ترجع إلى تكوينه الفسيولوجي والعضوي، وخاصة الجهاز العصبي.

العوامل البيئية أي الخارجية أي دور في إيجاد هـذه التغـيُّرات وإبـداعها، وإنَّمـا يقتصر دورها على تدعيمها وتوجيهها.

ولمَّا كان نمو سلوك الفرد وترقيته ناجماً عن تفاعل النضج مـع الخـبرة، فـإنَّ من الصعب التفريق على نحو دقيق بين ما يُعزى مـن أنمـاط السـلوك إلى الـتعلُّم وما يعزى منها إلى النضج، ولعلَّ ممَّا يفيد في هذا المجال إيـراد أبـرز الفـروق بـين النضج والخبرة والتي تتمثَّل فيما يلي[1]:

- إنَّ النضج عمليـة نمـوّ داخـلي متتـابع يتنـاول جميـع نـواحي الفـرد، ويحـدث بطريقة لا شعورية إذ يستمر حتى في وقت النوم، بينما عملية التعلُّم عمليـة إرادية في الغالب وهي تعتمد أكثر من النضج على ظروف البيئة التي تؤثِّر في الفرد.
- إنَّ التعلُّم يؤدي إلى ظهور أنماط خاصة من السلوك المكتسب يميِّز المـتعلِّم مـن غير المتعلِّم والمجرِّب من عديم الخبرة. بينما تبدو مظاهر النضج عنـد جميـع أفراد الجنس، ويتبع النضج اتجاهات عامة تميِّز الأعـمار الواحـدة إذا لم يكـن هناك ما يعرقل سير النضج وفق هذه الاتجاهات.
- إن النضج يعزى إلى عوامل الوراثة، بينما يعزى التعلُّم والخبرة إلى البيئـة التـي يعيش فيها الفرد سواء أكانت طبيعية أم اجتماعية.

المبادئ العامة المتصلة بنموِّ الاستعداد:

هناك أربعة مبادئ عامَّة تتَّصل بنمو الاستعداد هي:

- إنَّ أوجه النموِّ تتفاعل كلها معاً؛ مـمَّا يشـير عـلى أنَّ التغـيُّر في أيِّ جانـب مـن جوانب الفرد يمكن أن يؤثِّر على نمط استجاباته كلِّه، وإنَّ حدوث ما يعوق

---

(1) د. رمزية الغريب، التعلُّم، ص 42.

سير النموّ الطبيعي في أيّ جانب من الجوانب تنعكس آثاره على بقيّة الجوانب.

- إنَّ النضج الفسيولوجي يهيئ الفرد للاستفادة من الخبرة؛ ممَّا يعني أنَّ التغيُّرات البيولوجية وخاصة نمو الجهاز العصبي تحدِّد ما يستطيع الفرد أن يتعلَّمه، وأنَّ الاختلافات في الخصائص الموروثة أو في معدل النضج (السرعة التي يتم بها النضج) تؤدي إلى اختلافات في ردود الأفعال للخبرات جميعاً.

- إنَّ للخبرات آثاراً تراكمية، بمعنى أنَّ الخبرة في سن معيَّنة تعدّ الطفل ليستجيب بطريقة معيَّنة في مواقف أخرى في مستقبل حياته، أو أنَّ نجاحاً يحرزه الطفل في حاضره، قد يزيد من احتمال إحرازه لنجاح آخر في مستقبله؛ ممَّا يشير على أن تراكم الفشل لا يساعد على بناء الاستعداد.

- إنَّ هناك فترات تكوينية في حياة الفرد يتكوَّن فيها أساس الاستعداد للنشاط المعيَّن. وعلى سبيل المثال فإنَّ الفترة التكوينية لاتجاهات الطفل إلى القراءة والأرقام والعمل المدرسي بصفة عامة تقع في السنة الأولى من حياته المدرسية؛ ممّا يعني أنَّ استجاباته للحياة المدرسية المقبلة تتأثَّر بما يواجهه في هذه الفترة من نجاح وفشل وتحدٍّ وصراع.

وهذه المبادئ الأربعة توجب على المعلم أن يلّم بجوانب النموّ المختلفة في المراحل العمرية المتعاقبة؛ حتى يتسنّى له مواجهة مطالبها عند تلاميذه، وحتى يصبح أكثر قدرة على إتاحة فرص تساعد هؤلاء التلاميذ على تعلُّم الأساليب التي تعينهم على التكيُّف في مستقبل حياتهم، وتمكنُّهم من التغلُّب على المعوِّقات التي ربَّما تكون قد صادفتهم أثناء نموِّهم المبكِّر.

العلاقة بين مهمة تحديد الاستعداد والمهمات التعليمية الأخرى.

من المعروف أنَّ عملية التعليم تشتمل على أربع مهمات رئيسة هي[1]:

- التأكد من استعداد التلاميذ للتعلُّم.
- تحديد الأهداف التعلُّمية على شكل نتاجات سلوكية بالنسبة للتلاميذ وتخطيط خبرات تعلُّمية مناسبة.
- استثارة الدفع.
- التقويم.

وهذه المهمات تتداخل، بمعنى أنَّ كلَّ واحدة منها ترتبط بالأخرى وتتفاعل معها. فاستعداد التلاميذ لتعلُّم موضوع جديد مثلاً يؤثِّر في تحديد الأهداف التعلُّمية؛ نظراً لأنَّ الاستعداد يضع الحدود الممكنة لبلوغ الأهداف. وترجمة الأهداف التعلُّمية إلى صيغ سلوكية أو على شكل نتاجات تعلُّمية منتظرة من التلاميذ تنير الطريق إلى أنواع الخبرات التي ينبغي تخطيطها لمساعدة التلاميذ على تحقيق هذه النتاجات، أمَّا التقويم فإنّه يبيِّن مدى ما حقَّقه التلاميذ من نتاجات تعلُّمية. وقد يلجأ إليه المعلم للتأكد من استعداد تلاميذه لتعلُّم موضوع جديد وغنيٌّ عن القول بأنَّه من الصعب توفير دفع كاف لتعلُّم موضوع جديد إذا لم يتوفَّر الاستعداد التطوُّري اللازم لتعلُّم هذا الموضوع.

أنواع الاستعداد للتعلُّم:

الاستعداد للتعلُّم نوعان:

- الاستعداد العام للتعلُّم المدرسي.

---

(1) د. عبد الملك الناشف، اتجاهات حديثة في تطوير المنهج المدرسي، ص 21.

- الاستعداد التطوُّري للتعلُّم.

وفيما يلي شرح موجز لكلٍّ نوع من هذين النوعين:

أولاً- الاستعداد العام للتعلُّم المدرسي:

ويقصد به عادة بلوغ الطفل المستوى اللازم من النضج الجسمي والعقلي والانفعالي والاجتماعي الذي يؤهله للالتحاق بالصف الأول الابتدائي[1]. ويعرَّف أيضاً بأنَّه المستوى الارتقائي الذي يصل إليه الطفل، والذي يساعده على تحقيق المطالب التي يفرضها النظام التعليمي على قدرته في الاستفادة من خبرات التعلُّم والتعليم كما تقدَّم في الصف الأول الابتدائي[2]. وهذا النوع من الاستعداد يتأثَّر بما توفِّره الأسرة والمجتمع للطفل من خبرات مناسبة قبل التحاقه بالمدرسة. وهو يؤثِّر تأثيراً مباشراً على التوافق المدرسي للطفل في بداية حياته، أمَّا تأثيراته غير المباشرة فتمتد أحياناً إلى ما بعد ذلك بكثير. ومع أنَّ تحديد السن الذي يبلغ فيه الطفل المستوى اللازم من النضج في الأبعاد المشار إليها ليس بالأمر الميسور أو السهل، إلاَّ أنَّ نتائج بعض البحوث تدلُّ على أنَّه من المستحسن أن يبدأ الطفل في تعلُّم القراءة عندما يكون عمره العقلي* ست سنوات[3]، بينما دلَّت نتائج بحوث أخرى على أنَّه لابدَّ من عمر عقلي قدره ست سنوات ونصف للبداية بالقراءة بداية مناسبة.

وتجدر الإشارة إلى أنَّ عمر الطفل العقلي لا يشكِّل العامل الوحيد في تعلُّم القراءة؛ نظراً لأنَّ استعداده لتعلُّمها مرتبطٌ أوثق الارتباط بنموِّه الجسدي

---

(1) لطفي سوريال، تنظيم تعلُّم التلاميذ. (RC/5)، ص 8.

(2) د. فؤاد أبو حطب ود. آمال صادق، علم النفس التربوي، ص 13.

* العمر الذي يُراعى في البدء بتعلُّم القراءة والكتابة هو العمر العقلي وليس العمر الزمني.

(3) د. رمزية الغريب، مرجع سابق، ص 49.

والعقلي والعاطفي والاجتماعي. ولعلَّ من أبرز العوامل المؤثرة في تعلُّم القراءة ما يلي[1]:

- نضج أجهزة الطفل الجسدية.
- اهتمامه بالقراءة.
- خبراته السابقة.
- قدرته على الإفادة من الأفكار واستعمالها.
- قدرته على التفكير المجرَّد البدائي وحلِّ المشاكل البسيطة.
- قدرته على تذكر الأفكار وشكل الكلمات وأصواتها.
- حيازته على مقدار كافٍ من المفردات وإتقان بسائط اللغة.
- قدرته على تمييز شكل الكلمات وأصواتها وغير ذلك من العوامل ذات العلاقة.

ومن الثابت أن التقدُّم في القراءة يتوقف على الخبرة والتدريب السابقين؛ ممّا يستدعي تهيئة الطفل لها عن طريق التوجيه والتدريب.

ثانياً: الاستعداد التطوُّري للتعلُّم: ويقصد به الحدّ الأدنى من مستوى التطوُّر المعرفي لدى الطفل الذي يجب توفيره كي يكون مستعداً لتعلُّم موضوع معيَّن بسهولة وفعَّالية دون متاعب انفعالية. وهذا النوع من الاستعداد يختلف مع الطفل الواحد من موضوع إلى آخر، كما يختلف من طفل إلى آخر أمام الموضوع الواحد. ويرى بياجيه[2] أنَّ حدود التعلُّم تخضع لمرحلة النمو المعرفي التي ينتمي إليها الطفل، وما يميِّز هذه المرحلة من أساليب التفكير وأنماطه؛ ممّا يشير على أن مفهوم الاستعداد التطوُّري للتعلُّم هو مفهوم نسبي. وعليه فيجب عدم مواجهة

---

(1) د. فاخر عاقل، التعلُّم ونظرياته، ص 17.

(2) لطفي سوريال، مرجع سابق، ص 13.

الطفل بمشكلات تتطلَّب أعمالاً عقلية تتفوَّق على مرحلة تطوُّره المعرفي، كما يجب عدم الحيلولة بينه وبين ممارسة الأعمال العقلية التي يؤهله نموه المعرفي لممارستها.

الوسائل المستخدمة في تحديد استعداد التلاميذ للتعلُّم*

من أبرز الوسائل المستخدمة في تحديد استعداد التلاميذ للتعلُّم ما يلي:

1. ملاحظة أداء التلاميذ للأعمال التي تعدُّ متطلبات أساسية ليبنى عليها تعلُّم الموضوع الجديد.

وهذا يتطلَّب من المعلِّم أن ينظِّم موقفاً يستدعي من التلاميذ سلوكاً يمكن ملاحظته في أثناء القيام به أو دراسته بعد اتمامه، مع مراعاة أن يُستدلَّ من هذا السلوك على مستوى استعداد التلاميذ لتعلُّم الهدف المقرَّر. ومن المواقف التي يمكن للمعلم أن ينظِّمها ويلاحظ أداء التلاميذ عليها مثلاً التمارين الشفوية أو المكتوبة، الامتحانات المكتوبة، التعبير الشفوي. وفيما يلي مثال لاستخدام هذا الأسلوب:

إذا أراد المعلم أن يُحدِّد مدى استعداد تلاميذه لتعلُّم قاعدة المضاعف المشترك، فإنّه بحاجة للتأكد من مدى إدراكهم لمفهوم العدد الأولي، ولتحقيق ذلك فإنه قد يلجأ إلى مطالبتهم بالعمل التالي:

في مجموعة الأعداد التالية ضع دائرة حول كل عدد أولي:

1	2	6	12	17	23	42	264

* ملاحظة: ليس هناك وقت محدّد لقيام المعلِّم بعملية تحديد الاستعداد. فهو قد يقوم بها قبل المباشرة بتعليم الدرس أو أثناء قيامه بتعليمه، وقد يقوم بها قبل المباشرة بتعليم الدرس ويستمر أثناء قيامه بتعليمه.

2. استخدام أسلوب طرح الأسئلة ومناقشة التلاميذ.

ويعدُّ استخدام هذا الأسلوب من أكثر الوسائل استخداما في هذا المجـال، ومـن أبرز الأمور التي ينبغي على المعلم أن يأخـذها بعـين الاعتبار عنـد اسـتخدامه لهذا الأسلوب ما يلي:

• أو يولي عناية خاصة في إعداد الأسئلة التي تكشف إجابات التلاميذ عليها بعـض المعلومات الأساسية المتعلِّقة باستعدادهم لتعلُّم موضوع مُعيَّن؛ ممـا يسـتدعي تحديد مضمون الاسـتعداد المطلـوب الكشـف عنـه لـدى التلاميـذ فيـما يتعلَّـق بالموضوع الجديد. وهناك ثلاثة أصناف رئيسة لهذه المضامين هي:

- الحقائق والمعلومات والأحداث.

- التعليلات والاستدلالات والتعميمات والتطبيقات

- الآراء والقيم والاتجاهات.

• أن يُشرك أكبر عدد ممكن من التلاميذ في المناقشة، ومـن الأسـاليب المسـاعدة في ذلك ما يلي:

- أن يطلب تفصيلاً للإجابة أو إضافة إليها مثل:

هل يمكنك أن تشرح ذلك بتفصيل أكثر؟

هل يمكنك إضافة شيء إلى ذلك؟

- أن يطلب توضيحا مثل:

ماذا تعني بذلك؟

هل يمكنك أن تضع ذلك في صيغة أخرى؟

- أن يطلب تبريراً لإجابة ما مثل:

لماذا يطلب تبريراً لإجابة ما مثل:

لماذا تقرِّر ذلك؟

هل لديك دلائل أو شواهد على ذلك؟

- أن يطلب من بقيّة التلاميذ أن يدلوا بآرائهم أو يعلِّقوا على رأي زميلهم مثل:

هل توافقون على ذلك؟ لماذا؟

- أن يطلب من التلاميذ أن يلخِّصوا

- أن يعطي التلاميذ الفرصة للتفكير في الأسئلة التي يوجهها لهم، وأن يشجع المتردِّدين منهم على الإجابة.

3. الاختبارات المقنَّنة الموضوعة لهذا الغرض.

الفصل الرابع

الدافعيــــة

الفصل الرابع

الـدافعيـــــة

مقدمة:

يشكل موضوع الدافعية موضوعاً أساسياً من موضوعات علم نفس التعلم والتعليم لأن فهم الحاجات والدوافع هي مفتاح السيطرة على السلوك وتوجيهه وضبطه، وهذا يتطلب من المعلم التركيز حول مشكلة الدافعية ولأهمية الدور الذي تلعبه الدافعية في العملية التعلمية التعليمية لابد للمعلم أن يفهم طبيعة الدافعية وعلاقتها بالتحصيل الدراسي للوقوف على العوامل التي تؤثر في تحصيل المتعلمين وتمكينه من معرفة الطريقة المثلى لدفع المتعلمين للتعلّم، وسوف نتطرق إلى مفهوم الدافعية وأنواعها ووظيفتها، والعوامل التي تؤثر في قوة الدافعية للتعلم والمستوى المناسب للدافع وتوفير الدافعية العامة للتعلم المدرسي والتعلم الصفي.

مفهوم الدافعية للتعلُّم:

الدافعية حالة داخلية في الفرد تستثير سلوكه؛ وتعمل على استمرار هذا السلوك وتوجيهه نحو تحقيق هدف معين[1]. وهي مفهوم عام* لا يشير إلى حالة خاصة محدَّدة، وإنَّما يستدلّ عليه من سلوك الفرد في المواقف المختلفة.

---

(1) لطفي سوريال، تنظيم تعلُّم التلاميذ، ص 2.

* الدافع مفهوم عام مركَّب يشمل عدة مفاهيم من ضمنها مفهوم كلّ من الحاجة والحافز والباعث؛ ونظراً لكثرة ما يحدث من خلط بين هذه المفاهيم فقد ارتشى تناولها على النحو التالي:

في ضوء المفهوم السابق للدافعية يتبيَّن لنا أنَّ الدافعية للتعلُّم تشير إلى حالة داخلية في المتعلِّم تدفعه إلى الانتباه إلى الموقف التعلُّمي، والقيام بنشاط موجه والاستمرار في هذا النشاط حتى يتحقَّق التعلُّم كهدف للمتعلِّم.

وظيفة الدافعية في التعلُّم.

من الثابت أنَّه لا تعلُّم بدون دافع معيَّن، نظراً لأنَّ نشاط الفرد وتعلمه الناتج عن هذا النشاط في موقف خارجي معيَّن تحدِّده الظروف الدافعة الموجودة في هذا الموقف. وتؤدي الدافعية في التعلُّم وظيفة من ثلاثة أبعاد هي[1]:

1. إنها تحرِّر الطاقة الانفعالية في الفرد، والتي تثير نشاطاً معيَّناً لديه.
2. إنها تجعل الفرد يستجيب لموقف معيَّن ويهمل المواقف الأخرى، كما تجعله يتصرف بطريقة معيَّنة في ذلك الموقف*.

---

1. الحاجة: وتشير إلى نقص في يء معيَّن يؤدي استكماله بالفرد إلى استعادة توازنه وبالتالي إلى تسهيل توافقه وسلوكه العادي.
2. الحافز: ويشير إلى زيادة توتر الفرد نتيجة لوجود حاجة غير مشبعة أو نتيجة للتغيُّر في ناحية عضوية عنده. وهذا التوتر الزائد يجعل الفرد مستعداً للقيام باستجابات خاصة نحو موضوع معيَّن في البيئة الخارجية أو البعد عن موضوع معيَّن بهدف إشباع حاجته أو استعادة توازنه الفسيولوجي ومن الأمثلة على الحوافز حافز الجوع وحافز العطش وحافز الإحساس بالبرودة أو السخونة...الخ.
3. الباعث: ويشير إلى الشيء الذي يهدف إليه الفرد ويوَّجه استجاباته سواء نحوه أو بعيداً عنه، ومن شأن الباعث أن يعمل على إزالة حالة الضيق أو التوتر التي يشعر بها الفرد ومن الأمثلة على البواعث الطعام الذي يقابل حافز الجوع والماء الذي يقابل حافز العطش ونحو ذلك.

(1) د. أحمد زكي صالح، علم النفس التربوي، ص 336-337.

* عندما يكون لدى الفرد ميل نحو شيء معيَّن فإنَّ هذا الميل يؤدي دوره على نحو ما يلي:
- يوجد لدى الفرد حالة توتر نفسي قد تفضي به إلى سلوك معيَّن لإشباع هذا الميل.
- يحدو بالفرد إلى العمل بطريقة معيَّنة لاختيار السلوك المرتبط بهذا الميل وتوجيهه.

3. إنها تجعل الفرد يوجّه نشاطه وجهة معيّنة حتى يشبع الحاجة الناشئة عنده ويزيل التوتر الكامن لديه، أي حتى يصل إلى هدفه.

ومن المعلوم أنّ التعلُّم لا يكون مثمراً إلاّ إذا هدف إلى غرض معيّن؛ ممّا يؤكد على أهمية الدافعية في التعلُّم.

العوامل المؤثِّرة في قوّة الدافعية للتعلُّم.

تتوقف قوةّ الدافعية للتعلُّم على مراعاة ما يلي:

- أن يقوم المعلم بتحديد الخبرة المراد تعلُّمها تحديداً يؤدي إلى فهم التلاميذ للموقف الذي يعملون فيه، ومن شأنه ذلك أن يؤدي إلى إثارة نشاط موجه لتحقيق الهدف المراد تحقيقه.
- أن يراعي المعلم في اختياره للأهداف والمحفِّزات أن تكون مرتبطةً بالدافع من جهة وبنوع النشاط الممارس من جهة أخرى؛ لأنَّ ذلك يساعد على تشجيع تقدُّم التلاميذ في التحصيل إلى درجة كبيرة.
- أن يراعي المعلم أن يكون الهدف الذي يختاره مناسباً لمستوى استعدادات التلاميذ العقلية؛ لأنَّ ذلك يؤدي على زيادة قيمة الدافع كعامل مساعد على بعث أنواع النشاط المحقِّقة للهدف. ومن الثابت أن التلاميذ يحجمون بذلك عن أي جهدٍ لتحقيق الهدف الذي يجدون أنَّه في مستوى يتعذر عليهم الوصول إليه.
- أن يلحق الإثابة بتحقيق الهدف مباشرة؛ لأنَّ ذلك يزيد من القوّة الفاعلة للدافع. ومن الثابت أنَّ مرور وقت طويل بين إنجاز النشاط وتحقيق الهدف يفقد الإثابة قيمتها عند المتعلِّم ويجعل تعطُّشه للحصول عليها فاتراً[1].

---

(1) د. رمزية الغريب، التعلُّم، ص 504.

وممَّا تقدم تبين لنا أنَّ كفاءة المعلم في استغلال دوافع تلاميذه في عملية تعلُّمهم تعدُّ شرطاً لنجاحه في تحريكهم للنشاط وفي توجيه هذا النشاط وضمان استمراره حتى يتحقق الهدف. ومع ذلك فإنَّ عليه أن يراعي عند قيامه باستغلال دوافع تلاميذه في عملية تعلُّمهم ما يلي:

- أن يراعي المعلم عدم الإفراط في استخدام المكافآت؛ حتى تنجح الإثابة في تكوين ميل حقيقي نحو الخبرة المتعلَّمة، وحتى لا يصبح هدف التلاميذ من مزاولة النشاط محصوراً في نيل المكافأة.
- أن يراعي الحذر في استخدام المنافسة بين تلاميذه كعامل مشجِّع لهم على التقدُّم؛ حتى لا تنحرف عن غايتها فتهدم ما بينهم من علاقات إنسانية.
- أن يتعرَّف إلى معدَّل التقدُّم عند كلِّ واحدٍ من تلاميذه ومستوى تحصيله؛ حتى لا يعمل على رفع مستوى طموح بعضهم إلى درجة تفوق مستوى استعدادهم؛ ممَّا قد يقودهم إلى فشل ذي أثرٍ سيء وإلى شعور مرير بالإحباط.

المستوى المناسب للدافع:

لما كان التلميذ يتعلَّم بطريقة أفضل عندما تستثير دوافعه الداخلية نشاطه التعليمي[1]، فإن السؤالين اللذين يردان إلى الذهن في هذا المقام هما:

- هل تؤدي زيادة الدفع دائماً إلى تسهيل التعلُّم والأداء؟
- ما العلاقة بين صعوبة العمل والحدِّ الأنسب من الدفع الذي يتيسَّر عنده التعلُّم؟

لقد أظهرت التجارب التي أُجريت لدراسة المستوى المناسب للدفع عدة نتائج لعَّل من أبرزها فيما يتعلق بالإجابة عن السؤالين المذكورين ما يلي[2]:

---

(1) د. سيد خير الله، علم النفس التعليمي، ص 12.

(2) د . فؤاد أبو حطب و د .آمال صادق، علم النفس التربوي، ص332-343.

- إن التعلُّم يصل إلى أقصى درجات الكفاية حين تكون الدوافع بدرجات متوسطة.
- إنَّ زيادة الدافع إلى حدَّ معيَّن يؤدي إلى تسهيل الأداء، ولكن الدرجات المتطرفة من الدافعية (قوّة أو ضعفاً) قد تؤدي إلى نوع من التدهور والتعطيل في الأداء. وهذا الأثر المعطل قد ينتج عن الضعف الجسماني (مع زيادة الدافعية) أو عن ظهور استجابات منبتة ودخيلة، أو عن ظهور بعض الحالات الانفعالية (كالقلق في حالة زيادة الدافعية أو التبلُّد الانفعالي في حالة نقصانها).
- إنَّ الحدَّ المناسب من الدافعية لتسهيل التعلُّم يتناقص كلما زادت صعوبة العمل.

ويترتّب على المعلِّم في ضوء هذه النتائج ضرورة مراعاة ما يلي:
- أن تكون درجة إثارته لدافعية تلاميذه للتعلُّم معتدلةً؛ حتى تؤدي وظيفتها في تسهيل تعلُّمهم وتحسين أدائهم على نحو سليم.
- أن تكون النشاطات التعلُّمية التي يوفِّرها لتلاميذه مناسبة لمستوى تطورهم المعرفي؛ حتى يقبلوا عليها بحماس. ومن الثابت أنَّ توافر الاستعداد التطوُّري اللازم لتعلُّم موضوع جديد يعدُّ شرطاً جوهرياً لإيجاد الدفع الكافي لتعلُّم هذا الموضوع[1].

أنواع الدافع:

الدافع نوعان: داخلي وخارجي، وفيما يلي شرحٌ موجز لكلٍّ منهما:

أولاً- الدافع الداخلي:

وفيه يرتبط الحافز بالهدف التعلُّمي لدى المتعلِّم، ويكون التعزيز متمَّثلاً في

(1) د. عبد الملك الناشف، تنظيم تعلُّم التلاميذ، ص 3.

الرضا الناتج عن النشاط التعلُّمي وعن بلوغ الهدف. وهـذا النـوع مـن الـدافع يساعد على أن تكون النتاجات التعلُّمية قويَّة الأثر لدى المتعلم وقادرة على الانتقـال أفقياً ورأسياً. وتوفير الدافع الداخلي يتمُّ من خـلال توظيـف الأنشـطة التـي يزاولهـا التلاميذ في مجال اللعب والاستكشاف والاكتشاف في تنظيم تعلُّمهم. ومـن المعـروف أنَّ هذه الأنشطة تعدُّ طرقاً طبيعيـة للـتعلُّم؛ نظـراً لحـبِّ التلاميـذ لهـا ورغبـتهم في مزاولتها. وعلى سبيل المثال فإنَّه يمكن توظيف اللعب في تنظيم تعلُّـم التلاميـذ عـلى مستويين؛ مستوى الألعاب التربوية الصريحة، ومستوى إدخال روح اللعب (والمتمثِّل في الحرية والتلقائية والتعبـير عـن الـذات والاسـتمتاع) في النشـاطات المدرسـية. أمَّـا الاستكشاف فيمكن توظيفه بإثارة حب الاستطلاع لدى التلاميذ؛ ممّا يشـجعهم عـلى طرح الأسئلة. أمّا الاكتشاف فيمكن توظيفه من خـلال إتاحـة الفـرص أمـام التلاميـذ لاكتشاف الكيفية التي تعمل بها الأشياء؛ ومن شأن ذلك أن يسهم في إدخال البهجـة والسرور على نفوسهم، وأن يساعد على تربيتهم التربية الجيِّدة.

ثانياً- الدافع الخارجي:

ويقوم على وسائل حفز أو تعزيز خارجة عن العمل نفسه كالعلامات وعبارات التقدير والجوائز المادية ونيل إعجاب الزملاء وتقديرهم، أو نيل رضا الوالـدين ونحـو ذلك. ومن الأمور التي ينبغي أخذها بعين الاعتبار فيما يتعلَّق بهذا النوع من الـدفع ما يلي[1]:

- أنَّ الدافع عن طريق المكافأة أفضل بوجه عام من الدافع عن طريق العقاب.
- أنَّ العلاقات والمكافآت والعقوبات التي تكـن نتيجـة طبيعيـة للعمليـة التعليميـة يكون لها تأثير دافعي قوي ونتاجات مصاحبة قليلـة. أمَّـا العلاقـة أو المكافـأة أو العقوبة

(1) Magary, J.F; and Others (editors) Contemporary Reading in Educational Psycholgy, 1970. P: 8-9.

التي تفتقر إلى الصلة الوظيفية بالموقف التعليمي فإنَّها قد تؤدي إلى التعلُّم ولكنه تعلُّم سريع الذبول وقد تصاحبه نتاجات تعلُّمية ضارة.

- أنَّ الثناء أفضل من التأنيب، وأنَّ التأنيب أفضل من التجاهل.
- أنَّ المنافسة كدافع اجتماعي قد تكون مفيدة في تعلُّم المعلومات والمهارات الآلية ولكنَّها عديمة التأثير على الأعمال الإبداعية التي تحتاج إلى مخيَّلة، وقد تلحق آثاراً نفسية سيئةً بالمتعلمين.
- أنَّ الدوافع الاجتماعية المتمثِّلة في التعاون مع الرفاق ونيل تقديرهم والإسهام في التخطيط واتخاذ القرارات يكون لها في العادة تأثيرات إيجابية قويَّة على التعلُّم المباشر والتعلُّم المصاحب.

إنَّ استخدام الدافع الخارجي يتطلب الحذر من جانب المعلم؛ بمعنى أن يراعي في استخدام الحوافز الخارجية صلتها بالموقف التعليمي، وأن يتجنَّب ما قد ينجم عن سوء التوظيف من نتاجات تعلمية سلبية. كما أن عليه أن يهتم بتوفير دافع داخلي للتعلُّم إلى جانب استخدامه الحوافز الخارجية بصورة مرضية.

توفير الدافعية العامَّة للتعلُّم المدرسي:

إنَّ توفير مواقف سوية لدى التلاميذ نحو التعلُّم المدرسي بوجه عام يعدُّ أمراً جوهرياً في إيجاد الرغبة في التعلُّم والتحصيل لديهم، ولعل من أبرز العوامل المساعدة في تحقيق ذلك ما يلي:

أولاً: أن يهتم المعلم بحاجات التلاميذ العقلية والنفسية والاجتماعية

فهذا الاهتمام يمثِّل دافعاً قوّياً فعَّالاً للتعلُّم، ويؤدي توافره إلى حدوث التعلُّم

بصورة مناسبة[1]. وفيما يلي عرض موجز لأهمِّ هذه الحاجات:

أ. الحاجات العقلية: من أبرز هذه الحاجات ما يلي:

- الحاجة للإثارة: وتظهر في رغبة الطفل واندفاعه للتعرُّف على أشياء وأحداث غير مألوفة.
- الحاجة للعب بالأشياء ومعالجتها وإجراء تغييرات عليها: وتظهر في رغبة الطفل في تناول الأشياء ومعالجتها، وفيما يقوم به من أنشطة كالفتح والغلق والتحليل والتركيب ونحو ذلك.
- الحاجة إلى التحصيل: وتظهر في رغبة الطفل في تأدية الواجبات المطلوبة منه وبذل قصارى جهده في مذاكرة دروسه وفي الاستعداد للامتحانات.
- الحاجة إلى الفهم: وتظهر في استفسارات الطفل ورغبته في المعرفة وإتقان المعلومات.

ب. الحاجات النفسية والاجتماعية: ومن أبرز هذه الحاجات ما يلي:

- الحاجة إلى الانتماء: وتظهر فيما يبديه الطفل من اهتمام بالعلاقات الإنسانية، والتي تتمثَّل في رغبته بالإبقاء على علاقة حميمة وطيِّبة مع الآخرين سواء أكانوا جماعة الزملاء في المدرسة أم جماعة الرفاق في الحيِّ أم أفراد الأسرة.
- الحاجة إلى الاستقلال: وتظهر في رغبة الطفل في أن يكون ذاتاً مستقلة لها أغراضها ولها الحقّ في أن تتصرف وفقاً لهذه الأغراض.
- الحاجة إلى السيطرة: وتظهر في رغبة الطفل بالتأثير على الآخرين وإخضاعهم لإرادته، حتى يلبوا رغباته ويحقِّقوا مطالبه.

---

(1) د. عمر الشيخ، إدارة الصفوف والتعيينات الدراسية، ص 7-8.

- الحاجة إلى العدوان: وتظهر في لجوء الطفل إلى نوع من استخدام القوّة في تعامله مع الآخرين كمحاولة منه لإحراز المكانة بينهم، ومع أنَّ هذه الحاجة تتَّصل بالحاجة إلى المكانة إلاَّ أنَّها تختلف عنها من حيث أنَّ الثانية تتضمَّن الحاجة إلى التقدير.
- الحاجة إلى التمجيد: وتظهر في رغبة الطفل في قيام الآخرين بمدحه والثناء عليه وفي اعترافهم بذكائه ونباهته وتفوُّقه.
- الحاجة إلى المساعدة: وتظهر في اعتماد الطفل على الآخرين في تحقيق متطلباته.

إنَّ الحاجات المذكورة وحاجات أخرى غيرها تشكِّل مصدراً مهماً للمعلم، ومن واجبه أن يراعي أثرها، ويعمل على إشباعها في الحدود التي تتفِّق مع مصلحة التلاميذ وتشِّجع تعلُّمهم، كما ينبغي عليه أن يضع في اعتباره أنَّ هذه الحاجات لا تكون واحدةً عند كلِّ التلاميذ، وإنَّما تتفاوت تبعاً لتفاوت استعداداتهم وقدراتهم وميولهم، وتبعاً لتفاوت مستويات أسرهم الاقتصادية والثقافية[1]. وعلى المعلم ألاَّ يقتصر في استغلاله لهذه الحاجات على مرحلة صياغته للأهداف أو اختياره للنشاطات التعليمية التعلُّمية، وإنَّما عليه أن يتعدى ذلك إلى توفير الجوّ الصفِّي المشجِّع الذي يشعر فيه الطفل بأنه مقبول وله كيانه، وإلى استخدامه وسائل المدح والثواب والعقاب[2].

ثانياً: أن تتَّخذ الأسرة وأهل الحيِّ مواقف سويَّة من المدرسة كمؤسسة تربوية ويتجلّى ذلك في تجنُّب نقد المدرسة من جانب الراشدين في الأسرة، وفي

(1) د. عبد اللطيف فؤاد إبراهيم، أسس المناهج، ص 274.

(2) د. عمر الشيخ، مرجع سابق، ص 8.

اهتمام الحيِّ بسدِّ احتياجات المدرسة؛ ومن شأن ذلك أن يـؤدي عـلـى إيجـاد مواقف سوية من المدرسة لدى التلاميذ.

ثالثاً: أن يتوفر للتلاميذ جو تعلمي مفعم بالأمن والحرية سـواء أكـان ذلـك في بيئـة المدرسة أم في الصفِّ

ويتأتَّى ذلك من خلال الامتناع عن العقاب البدني، وباحترام شخصيات التلاميـذ وتقبل أفكارهم دون سخرية أو تهكم.

رابعاً: أن تتاح فرص النجاح أمام التلاميذ

ويتأتَّى ذلك من خلال مراعـاة اسـتعدادهم للـتعلُّم أثنـاء تخطيط النشاطات التعلُّمية، وبتقديم انجازات التلميذ في ضوء إمكاناته هو وليس بالمقارنة مع أقرانه، ومن الثابت أنَّ النجاح يدفع إلى مزيد من النجاح [1].

خامساً: أن تتوافَّر ظروف مادية في غرفة الصف تشجِّع على التعلُّم

ومن الأمثلة على ذلك تنظيم مقاعد التلاميذ على نحو يساعدهم على الإسهام الفعال في النشاطات التعليمية، والإكثار من المثيرات الحسيّة الوظيفية ونحو ذلك.

توفير الدافعية للتعلُّم الصفي:

تشتمل مهمة توفير الدافعية للتعلُّم الصفي على أربعة جوانب هي:

- إثارة اهتمام التلاميذ بموضوع الدرس في بداية الحصة وحصر انتباههم فيه.

---

(1) د. عبد المجيد عبد الرحيم، علم النفس التربوي، ص 141.

- المحافظة على استمرار انتباه التلاميذ للدرس طوال الحصة.
- اشتراك التلاميذ في نشاطات الدرس.
- تعزيز إنجازات التلاميذ.

وفيما يلي عرض لأكثر الطرق فعّالية في تحقيق كلِّ جانب من هذه الجوانب:

أولاً: إثارة اهتمام التلاميذ بموضوع الدرس في بداية الحصة وحصر انتباههم فيه.

ومن أكثر الطرق جدوى في تحقيق هذا الجانب ما يلي:

- توضيح أهمية تحقيق الأهداف التعلُّمية، ويتُّم ذلك إمَّا من خلال قيام المعلم بذكر النتائج المباشرة والبعيدة لتحقيق هذه الأهداف، وإمَّا من خلال الطلب إلى التلاميذ أن يذكروا الفوائد التي يتوقعون الحصول عليها من تحقيقها.
- إثارة حبّ الاستطلاع عند التلاميذ من خلال تقديم مادة تعليمية جديدة، أو من خلال مناقشة أسئلة ومشكلات مستعصية لدى التلاميذ، أو من خلال تغيير مدخل مناقشة الموضوع[1]. وهناك أساليب أخرى كثيرة يمكن أن يستخدمها المعلم في هذا المجال كأن يقرأ لهم خبراً في مجلة يتضمَّن معلومات مثيرة عن القطب الجنوبي، أو يروي لهم حادثة تاريخية طريفة عن موسى بن نصير ونحو ذلك.
- الاستثارة الصادمة، أي التي تترك أثراً صادماً في نفوس التلاميذ وتضعهم في موقف الجائر المتسائل، ومن الأمثلة عليها أن يسأل المعلم تلاميذه:
  - ماذا يحدث لو احتجبت الشمس عن الظهور؟

---

(1) د. راضي الوقفي وآخرون، مرجع سابق، ص 15.

- لماذا يطير العصفور أحسن من الدجاجة مع أن جناحيه أصغر من جناحيها.

● لماذا تستورد بعض الدول العربية الملح وهو موجود في أراضيها بكثرة؟

- إحداث تغييرات ملحوظة في الظروف المادية بغرفة الصف من خلال الطلب إلى التلاميذ بأن يعيدوا ترتيب مقاعدهم، أو من خلال قيام المعلم بتعليق خريطة أو لوحة معيَّنة في مكان بارز ونحو ذلك من التغييرات التي تسهم في زيادة فعالية النشاطات التعلُّمية.

ثانياً: المحافظة على استمرار انتباه التلاميذ للدرس طوال الحصة. ومن أكثر الطرق جدوى في تحقيق هذا الجانب ما يلي:

- تنويع الأنشطة التعليمية التعلُّمية، ويراعى في هذا التنويع أن يكون وسيلة لمساعدة التلاميذ في تحقيق الأهداف التعلُّمية المتوخاة وليس هدفاً في حدِّ ذاته. ومن الأنشطة التي يمكن استخدامها المحاضرة والمناقشة والتجارب العلمية والعمل الكتابي ونحو ذلك.

- تنويع الوسائل الحسيّة للإدراك خاصة ما يتعلَّق منها بحواس السمع والبصر واللمس، وذلك لإغناء تعلُّم التلاميذ.

- استخدام المعلم للتلميحات غير اللفظية والمتمثلة في الإشارات والحركات البدنية وتغيير نغمة الصوت.

- قيام المعلم بالتحرُّك والتنقل داخل غرفة الصف، على أن يراعي أن يكون تحركه وتنقله وظيفياً، بمعنى أن يساعد في تركيز انتباه التلاميذ على النشاط التعلُّمي الجاري. وعليه أن يتجنَّب التحرك السريع المتلاحق؛ لأنَّ ذلك قد يؤدي إلى تشتيت انتباههم.

- تجنُّب السلوك المشتت للانتباه كالإكثار من طرق الطاولة بالقلم أو المسطرة،

أو التحرُّك على نحو سريع ومتلاحق، أو الصوت المرتفع والصراخ ونحو ذلك.

ثالثاً: اشتراك التلاميذ في نشاطات الدرس. ومن أكثر الطرق مساعدة على تحقيق هذا الجانب ما يلي:

- إشراك التلاميذ في تحديد الأهداف التعلُّمية وفي اختيار النشاطات الكفيلة بتحقيقها؛ لأنَّ ذلك يؤدي إلى حفزهم للإسهام في هذه النشاطات بحماس.
- استخدام أسلوب تمثيل الأدوار، ويقصد به إتاحة الفرص أمام التلاميذ ليقوموا بتمثيل بعض المواقف المناسبة لأدوارهم.
- إتاحة الفرص أمام التلاميذ للعمل في جماعات صغيرة، ويتطلب استخدام هذا الأسلوب قيام المعلم بتقسيم الصف إلى فرق صغيرة، وتعريف أفراد كل فرقة بالأهداف التي من أجلها يعملون معاً، وبالنشاطات التي يجب عليهم أن يمارسوها لتحقيق هذه الأهداف.
- إثارة أنواع مختلفة من الأسئلة وخاصة الأسئلة التي تتطلّب التفكير وتقديم الآراء، والأسئلة التي يتاح فيها المجال أمام التلميذ لاقتراح أكثر من إجابة واحدة للسؤال الواحد، والأسئلة الموجهة نحو تصوّر المستقبل.
- مراعاة أن تكون الفرص المتاحة للتلاميذ في المناقشات أكبر من تلك المتاحة للمعلم، بمعنى ألاّ يستأثر المعلم بنصيب الأسد في تلك المناقشات.
- مراعاة الفروق الفردية بين التلاميذ من خلال التنويع في مستويات الأنشطة التعلُّمية، حتى يجد كلُّ واحد مهم فرصةً أو فرصاً للإسهام الناجح في الموقف التعليمي التعلُّمي.

رابعاً: تعزيز إنجازات التلاميذ. ومن الطرق المساعدة في تحقيق هذا الجانب ما يلي:

- استخدام التعزيز الإيجابي سواء أكان لفظياً أم غير لفظي، ويتمثَّل التعزيز الإيجابي في استخدام تعابير الموافقة أو الإعجاب مثل: أحسنت، ممتاز، ونحو ذلك. أمَّا التعزيز الإيجابي غير اللفظي فيكون عن طريق الابتسام أو استخدام تعبيرات الوجه لإبداء الاهتمام، أو كتابة إجابة التلميذ على اللوح، أو الاقتراب من التلميذ ونحو ذلك من مظاهر السلوك التي تدلُّ على الموافقة أو الإعجاب دون أن تتضمّن كلاما يقوله المعلم[1]. ولا يخفى أثر التوظيف الجيِّد للتعزيز الإيجابي بنوعيه في زيادة إسهام التلاميذ في نشاطات الدرس.
- تزويد التلاميذ بمعلومات عن مدى التقدُّم الذي يحرزونه في اتجاه بلوغ الأهداف المرجوة؛ مما يساعدهم في اكتشاف جوانب العمل التي تحتاج إلى جهد إضافي منهم.

---

(1) لطفي سوريال، مرجع سابق، ص 30.

الفصل الخامس

نظريــات التعلــم

الفصل الخامس

نظريات التعلم

مقدمة:

بنيت جميع نظريات التعلم في ضوء تجارب علمية سواء كانت على الإنسان أو على الحيوان للإجابة عن العديد من الأسئلة التي طرحت حول التعلم وعملياته. وسوف نتناول أربع نظريات بدأت تأخذ مكانها في المجال التربوي بدلاً من الأساليب القديمة التي كانت سائدة قبل ظهور هذه النظريات، وهي نظرية الإشراط الكلاسيكي، ونظرية المحاولة والخطأ، ونظرية الإشراط الإجرائي، ونظرية الجشتالت

نظرية الإشراط الكلاسيكي (بافلوف): °

تعد النظرية السلوكية من أشهر النظريات التي حاولت تفسير التعلم، وكان لها فيه عدد من التفسيرات نتيجة تعدد وتنوع التجارب التي أجريت حولها. ولعدم وجود اتفاق على طبيعة التعلم، ولأن عملية التعلم عملية معقدة. وسوف نعرض لهذه النظرية على النحو التالي.

النظرية السلوكية الربطية الحديثة:

تؤرخ النظرية الربطية الحديثة للعالم الروسي بافلوف (1849-1936) التي

وصل إليها بعد تجاربه التي أجراها على كلب، وخرج في النتيجة بما يسمى بـ الإشراط الكلاسيكي (Classical Condititioning).

وتقوم هذه التجربة على ما يلي:

- كلب مربوط في وضع متيقظ بعيداً عن كل المؤثرات عدا ما يريده بافلوف. يقدم بافلوف الطعام إلى الكلب فيسيل لعابه.
- يقرح بافلوف جرساً ثم يقدم الطعام للكلب بعد نصف ثانية من قرع الجرس فيسيل لعابه. ثم يكرر عملية قرع الجرس وتقديم الطعام فيكرر الكلب سيلان لعابه.
- يقرع بافلوف الجرس ولا يقدم الطعام فيسيل اللعاب.

مبادئ نظرية الإشراط الكلاسيكي:

تقوم نظرية الإشراط الكلاسيكي على عدد من المبادئ هي:

- يتمثل التعلم في تجربة بافلوف في سيلان لعاب الكلب عند قرع الجرس دون تقديم الطعام. وهو كما يسميه بـ "التعلم الشرطي" ويسمى بـ "التعلم بالإشراط الكلاسيكي" لتمييزه عن التعلم الشرطي الإجرائي أو الوسيلي.
- يسمى الطعام بـ "المثير غير الشرطي" أو "المثير الطبيعي" حيث أنه من الطبيعي أن يسيل لعاب كل كلب إذا قدم له طعام.
- يسمى سيلان اللعاب الناتج عن تقديم الطعام بـ "الاستجابة الطبيعية"، أو "الاستجابة غير الشرطية"، لأن كل الكلاب يسيل لعابها مجرد رؤيتها للطعام. فسيلان اللعاب هو رد فعل طبيعي.
- كان قرع الجرس قبل تقديما لطعام محاولة لإحداث التعلم الشرطي، فبدونه لا يحدث التعلم الشرطي ولا يربط الكلب بين الجرس والطعام.
- يسمى قرع الجرس "المثير الشرطي" أو "المثير غير الطبيعي". ويمكن للمجرب

أن يجعل شيئاً آخر غير قرع الجرس ليكون مثيراً شرطياً مثل: الضوء، أو وقع الأقدام، أو إطلاق رائحة معينة.

- كان بافلوف يكرر قرع الجرس مع تقديم الطعام ليحدث التعلم؛ أي ليساعد الكلب على الربط بين صوت الجرس وتقديم الطعام. ولولا التكرار لما أمكن الربط، وبالتالي لما حدث التعلم؛ فالتكرار يعد شرطاً أساسياً من شروط التعلم الشرطي. لكن هناك عدد لازم من المرات لحدوث هذا التعلم، لا يحسّن التكرار بعدها التعلم أو يزيده، وإن كان يساعد على حفظه واستبقائه. وهكذا يكون الكلب قد تعلم إشراطياً أن يستجيب لصوت الجرس (المثير الشرطي) بسيلان لعابه (استجابة طبيعية) عند تقديم الطعام (المثير الطبيعي). كما تعلم أن يستجيب إشراطياً لصوت الجرس فصار لعابه يسيل كلما قُرع الجرس حتى بدون تقديم الطعام، وذلك لأنه ربط بين صوت الجرس وتقديم الطعام فصار أحدهما (صوت الجرس) يحل محل الآخر (الطعام) في إحداث الاستجابة المقصودة (سيلان اللعاب) والذي أطلق عليه التعلم الشرطي.

قوانين الإشراط الكلاسيكي:

يقوم الإشراط الكلاسيكي على عدد من القوانين، هي:

1. قانون الانطفاء:

إذا تكرر صوت الجرس (المثير الشرطي) دون تقديم الطعام لعدد من المرات (المثير غير الشرطي) يحصل ما يسمى بالانطفاء (Extinction) أو "خمود الاستجابة"، حيث يتوقف الطعام (المثير غير الشرطي) عن تعزيز الاستجابة الشرطية. وبالتالي فإن تكرار عدم التعزيز يُحْدِث الانطفاء. وتجدر الإشارة هنا إلى أن الانطفاء لا يحدث فجأة بل يأخذ سيلان لعاب الكلب

بالنقصان تدريجياً مرة بعد أخرى من قرع الجرس دون تقديم الطعام إلى أن يختفي.

2. قانون التعزيز:

لقد قام الطعام (المثير غير الشرطي) بدور المعزز في التجربـة، أي أن الطعـام كان يعزز استجابة سيلان لعاب الكلب عند قرع الجرس. وبما أن التعزيز يَضْعُف فإنه لابد من تقديمه بين حين وآخر للإبقاء على سيلان لعـاب الكلـب (الاستجابة الشرطية) لمجرد سماعه قرع الجرس. وقد تأكدت هذه النتيجة لبافلوف حين أدى حجب التعزيز في النهاية إلى توقف استجابة الكلب لصوت الجرس.

3. قانون التعميم:

يعد مبدأ التعميم مبدأ مهمـاً مـن مبـادئ الـتعلم الشرطي؛ فحين يـتعلم الكلب إفراز اللعاب استجابة لصوت الجرس، ونتيجة لاقتران سماع صوت الجرس بتقديم الطعام، فإنه يعمم استجابته هذه على المثيرات الصوتية المشابهة. ويؤكد هذه النتيجة نتائج تجارب عديدة أجراها (واطسون) حيث علم فيها طفلاً صغيراً أن يخاف من جرذ أبيض، لكن الطفل عمم خوفه هـذا ليشمل الخـوف مـن كـل ذي لون أبيض مثل الأرانب البيضاء، والقطن الأبيض، واللحية البيضاء.

4. قانون التمييز:

يمكن الإفادة من تجارب التعميم السابقة للتدليل أيضاً عـلى "التمييـز"، فبعد أن يتم الإشراط بالنسبة لطبقة صوتية معينة مثلاً فإن بعض الطبقـات الصوتية الأخرى (غير المعززة) تظهر استجابة شرطية. وبالإمكان تجنب ذلك بقصر التعزيز على طبقة معينة من المثير وعدم تعزيز ما يسبقها وما

يتلوها مباشرة (المثيرات المجاورة). وينطبق هذا المبدأ على كل أشكال الإثارة؛ فالعضوية التي اشترطت للاستجابة إلى ضوء أو نغم أو رائحة تستجيب أيضاً لمثيرات ضوئية وصوتية وشمسية مشابهة، بمعنى أن تعميم المثير أمر واقع، بيد أن تقديم عدد من المثيرات من صنف واحد خاص وقصر التعزيز على واحد منها يمكن أن يحدث تمييزاً بينها لدى الكائن المستجيب.

إن حالات الإشراط تُرى كثيراً في السلوك البشري منذ سنوات الطفولة الأولى، فالطفل الذي يصرخ من الجوع غالباً ما يهدأ إذا ما سمع صوت الكوب والملعقة في الغرفة المجاورة، لأنه ميز أن هذا الصوت عادة ما يسبق الطعام.

5. قانون الاقتران:

يرى بافلوف أن التعلم الشرطي يتم بالاقتران، ولذا يُسمى التعلم الإشراطي الكلاسكي بـ "التعلم بالاقتران"، أي أن التعلم يحدث نتيجة الاقتران بين المثير الشرطي والاستجابة غير الشرطية، وإذا عاد المجرب بعد حدوث الانطفاء نتيجة الغياب المتكرر للمعزز أو للمثير الطبيعي فإن التعلم الذي انطفأ يسترجع مع عودة المثير الطبيعي إلى الظهور مقترناً بالمثير الشرطي، وهو ما يسميه علماء النفس بالعودة التلقائية (Spontaneous recovery)، أي استعادة الكائن للاستجابات الشرطية التي انطفأت.

ويمثل التعلم الشرطي أبسط أشكال التعلم ويكثر ظهوره في مراحل النمو الأولى، ويقل تدريجياً في مراحل النمو اللاحقة. وهو كذلك مرحلة من مراحل التعلم الذي يسبق التعلم العقلاني.

التطبيقات التربوية لهذه النظرية:

من التطبيقات التي أسهمت بها هذه النظرية:

- ضرورة ضبط المثيرات الخارجية حتى لا تشوش عملية التعلم.
- أشارت النظرية إلى أهمية التعزيز في حدوث التعلم الجيد.
- تستخدم هذه النظرية في الإرشاد المدرسي ويتمثل ذلك في الإشراط المضاد والذي يعنى به استبدال استجابة شرطية معينة باستجابة شرطية أخرى تكون مضادة لها.

مثال: افترض أن الطفل يخاف من حيوان معين، يمكن محو هذا الخوف لدى الطفل بتقديم الحيوان يتبعه هدية شرطية أن يكون الطفل في حالة استرخاء - فإذا تم تكرار هذه الحالة لفترة من الزمن فإن الطفل يعتاد من الاقتراب للحيوان ويدرك أنه غير ضار.

ومثلما كونا استجابة مرغوب فيها عن طريق الإشراط يمكن تكوين استجابة غير مرغوب فيها. ومن بين التجارب في هذا المجال تجربة واطسون والتي عرفت بتجربة الطفل (ألبرت) وكان عمره (11) شهرا قدم له فأر أبيض ليلهو به ويلعب دون خوف، ثم استخدم واطسون أسلوب التعلم الشرطي لتعليمه الخوف من الفأر، حيث كلما ظهر الفار (c.s) أمام الطفل تصدر ضوضاء مرتفعة من خلال جهاز (u.c.s) فتصدر من الطفل صراخ من الخوف وهو استجابة غير شرطية في هذه الحالة (u.c.r).

ومن خلال تكرار تجربة واطسن لوحظ أنه بمجرد عرض المثير غير الشرطي (الفأر) يؤدي إلى استجابة الخوف. وفي نهاية الأمر أصبح الطفل (ألبرت) يخاف من القطط البيضاء، ولاسيما القطن الأبيض وهذا هو جوهر التعميم.

- يحتاج التعلم إلى إحداث عمليات الاقتران ومن ذلك يمكن تعلم النطق الصحيح لكلمة ما عن طريق إقرانها بصورة معينة، أو تعلم أسماء بعض الأفراد عن طريق اقترانها بالبلد مثل ارتباط بيليه بالبرازيل، أو تعلم حروف اللغة بإقرانها بالصور والرسومات، واستثمار ذلك في التعلم المدرسي. ولذلك يلجأ واضعو المناهج والمقررات الدراسية إلى استخدام الصور والأشكال ليتم اشتراطها مع معاني الكلمات. الخ هناك الكثير من المواقف التربوية داخل غرفة الصف التي يمكن للمعلم أن يعالجها من خلال فهمه للإشراط الكلاسيكي مثل الخوف من المعلم، الخوف والقلق من المادة الدراسية، الخوف من الامتحان....الخ.

فعندما يقوم المعلم بتأنيب الطفل أمام زملائه لعدد من المرات وذلك نظرا لأدائه الضعيف يمكن أن يُكون هذا الطفل الخوف من المعلم حيث تظهر عليه علامات القلق والاضطراب والخوف أصبح شرطيا فمجرد رؤية المعلم يثير الخوف لدى الطالب. ويمكن أن يحدث تعميماً لهذا الخوف فمثلاً كأن يخاف التلميذ بمجرد رؤيته الكتاب الذي يُدّرسه هذا المعلم، أو بمجرد حضوره للمدرسة التي يوجد بها هذا المعلم.

ولذلك ينبغي على المعلمين إزالة هذه المخاوف التي تنشأ عن طريق استخدام الإشراط لدى التلاميذ مستخدمين بذلك مبادئ الإشراط الكلاسيكي وخاصة أسلوب تقليل الحساسية التدريجي Systematic desensitization.

وحتى يتم ذلك على المعلم أن يراعي الجوانب التالية:

- تهيئة قاعة الدرس حتى يكون مكانا ملائما وسارا للتعلم والابتعاد عن المثيرات الصفية التي تنفر الطلاب من موقف التعلم.

- مناقشة التلاميذ في موضوعات لها علاقة بالدرس وجعلهم مشاركين بدلا من التلقي فقط.

- مساعدة الطلاب للتغلب على المخاوف التي يبدونها داخل الصف.

- تنمية الثقة لدى الطلاب عن طريق إعطائهم عدداً من الاختبارات الدورية يقوم بتصحيحها ثم إرجاعها إليهم.

مآخذ على النظرية:

لم تفسر هذه النظرية ظواهر التعلم مثل اكتساب المهارات الحركية الإرادية وإنما ركزت النظرية على السلوك اللاإرادي فليس هناك خيار لكلب بافلوف في أن يسيل لعابه أم لا. وبذلك فإن النظرية أهملت السلوك الإرادي في الإنسان.

نظرية المحاولة والخطأ (ثورندايك):

مقدمة:

يعدّ إدوارد لي ثورندايك (Edward L. Thorndike) أحد علماء النفس السلوكيين الذين اهتموا بالعوامل المؤثرة في العضوية والاستجابات التي تصدر عنها، مع عدم الالتفات على عمليات وسيطة بين الإثارة والاستجابة.

تمثلت تجربة ثورندايك في وضع قطة جائعة داخل قفص، بحيث يفتح باب القفص إذا ما ضغطت القطة على السقاطة، ويوضع الطعام خارج القفص بحيث تتمكن من الحصول عليه وإشباع دافع الجوع عندها إذا استطاعت فتح باب القفص والخروج منه.

عند مراقبة ثورندايك لسلوك القطة وجد أنها بذلت عدة محاولات مباشرة في اتجاه مرأى الطعام، واستمرت في المحاولات والحركات الفاشلة، حتى حدث أن جذبت السقاطة صدفة أثناء تحركها في القفص فوصلت للهدف. وعند تكرار التجربة كررت القطة الحركات والاستجابات الخاطئة نفسها، ولكن في زمن أقل، وبعدد محاولات أقل. حتى أتى الوقت الذي أصبحت القطة تعمل فيه الاستجابة الصحيحة بعد وضعها في القفص مباشرة.

فالتعلم من وجهة نظر ثورندايك إنما هو تغير آلي في السلوك، لكنه يقود تدريجياً إلى الابتعاد عن المحاولات الخاطئة، بل يقود إلى نسبة تكرار أعلى للمحاولات الناجمة التي تؤدي على أثر مشبع. وكلما زاد عدد الروابط المقواة بين الأوضاع والأفعال أو المثيرات والاستجابات عند الجيران أصبحت ثروة تعلمية أوفر. هذا النمط الآلي البسيط للتعلم لمسه ثورندايك عند إجراء تجاربه على الحيوانات، وقد اعتقد أنه يمكن أن يفسر التعلم عند الإنسان، بل إنه يرى أنه من الصعوبة بمكان أن نفهم مستويات التعلم العليا عند الإنسان إن لم تتضح أمامنا فكرة التعلم البسيط القائم على الترابط أو تقوية الرباط بين استجابات الحيوان ومثيرات هذه الاستجابات. وكل تعلم في نظر ثورندايك قابل للزيادة، لأن التعلم في رأيه لا يتم بصورة مفاجئة، بل من خلال خطوات قصيرة متدرجة وبصورة متتالية ترفع نسبة قوة الرابطة، أو تزيد من الارتباطات شيئاً فشيئاً.

قوانين التعلم بالمحاولة والخطأ:

إن التعلم عند ثورندايك يقوم على عشرة قوانين هي (عليان وهندي، 1986):

1. قانون الاستعداد:

بالرغم من أن ثورندايك كان يتكلم عن الاستعداد من حث علاقته بالجهاز العصبي، ومدى استعداد هذا الجهاز للاستجابة أو عدم استعداده لها، وعلاقة ذلك بالإشباع والضيق عند الحيوان، إلا أن المعنى السيكولوجي للاستعداد هو التهيؤ أو النزعة إلى العمل؛ فحين يكون الحيوان مستعداً لاستجابة معينة (بمعنى أن يكون مهيأ تحت تأثير حافز لأداء عمل معين) وتأتي استجابته محققة لما تهيأ له فإن الرابط يقوى بين المثير والاستجابة، بمعنى أن الوضع يحدث تعلماً. أما إذا كان غير مستعد للاستجابة فإن نتائجها لا تكون مرضية أو قد تسبب الضيق.

وهكذا فلا ينتظر أن تقوى الرابطة في مثل هذه الحالة بين المثير والاستجابة، بمعنى أن الوضع لا يحدث تعلم.

2. قانون التدريب:

توصل ثورندايك إلى أن الاستجابة الصحيحة كانت تتكرر أكثر من غيرها لأنها كانت ترافق كل محاولة. غير أنه يرى أن التكرار لم يكن هو الذي دعم الرابطة بين الاستجابة الصحيحة ومثيرها، وإنما هو الأثر الذي كان يعقب الاستجابة الصحيحة، مما دعاه إلى التشديد على قانون الأثر أكثر من أي قانون آخر.

3. قانون الأثر:

بيّن ثورندايك في قانون الأثر أن قوة الارتباط بين المثيرات والاستجابات يزداد إذا كانت نتيجة الأثر الطيب ناتجة عن التعزيز. أما إذا كانت الاستجابة خاطئة فإن هذا يحول دون تدعيم الاستجابة. وقد رأى في بادئ الأمر أن الأثر الذي يعقب الاستجابة الخاطئة يؤدي إلى إضعاف الرابطة بينهما وبين المثيرات، غير أنه في وقت لاحق لم يجد ما يعزز استنتاجه بصدد الشق الأخير من قانون الأثر. ولهذا تخلى عنه واكتفى بالشق الأول (را: عثمان والشرقاوي، 1977).

4. قانون الانتماء:

إن الرابطة بين المثير والاستجابة الصحيحة وفقاً لقانون الانتماء تقوى كلما كانت الاستجابة الصحيحة أكثر انتماء إلى الوضع أو الموقف. لهذا فإننا نسارع إلى الرد على من يحيينا بانحناء رأسه إلى أسفل بانحناء مماثل للرأس من جانبنا، وليس بالاستجابة الكلامية التي هي اقل انتماء أو أبعد عن الموقف المثير. وكذلك فإن الأثر المترتب على الاستجابة يكون أبقى كلما كان ينتمي إلى الارتباط الذي يقويه، فإثابة العطشان بالماء تقوي استجابته أكثر مما لو كانت إثابته بالنقود.

5. قانون الاستقطاب:

تسير الارتباطات وفقاً لقانون الاستقطاب في الاتجاه الذي كانت قد تكونت فيه بطريقة أيسر من سيرها في الاتجاه المعاكس. فإذا تم تعليم معاني الكلمات الألمانية بالإنجليزية بحيث تذكر الكلمة الألمانية أولاً ثم يعطى المعنى الإنجليزي فإنه يسهل على المتعلم الاستجابة للكلمة الألمانية بذكر معناها الإنجليزي بدرجة أكبر من الاستجابة للكلمة الإنجليزية بذكر معناها الألماني.

6. قانون انتشار الأثر:

إن أثر الإثابة وفقاً لقانون انتشار الأثر لا يقتصر على الرابط الذي يثاب فقط، وإنما يمتد إلى الروابط المجاورة الحاصلة قبل إثابة الرابط وبعدها، مع ملاحظة أن الأثر يخف كلما بَعُدَ الرابط عن الرابط الأصيل المثاب.

7. قانون التعرف:

إذا كانت عناصر الموقف الجديد معروفة فإنه يسهل التكيف للموقف عما لو كانت غير معروفة، فإذا كُلِّفتَ بعملية حسابية وكنتَ تعرف الأرقام والرموز المستعملة فيها تجدها أسهل من عملية مماثلة لا تعرف أرقامها أو رموزها.

8. قانون تنويع الاستجابة:

إذا واجه المتعلم عقبة في طريق استجابته الموصلة إلى الثواب فلابد أن يغيرها لكي يتم تحاشي العقبات، فإذا كان غير مهيأ لتنويع استجاباته فإنه يفشل في النهاية في حل مشكلاته عن طريق الوصول إلى استجابة ملائمة تترابط بقوة مع المثير الحافز على الاستجابة، بمعنى أن التعلم لا يحدث في مثل الموقف.

9. قانون الاستجابة بالمماثلة:

يتشابه تصرف المتعلم حيال وضع جديد مع تصرفه حيال وضع قديم مماثل، أو قد يستفيد من ذخيرته السابقة بمقدار ما بين الموقفين من عناصر متشابهة.

10. قانون قوة العناصر وسيادتها:

أي أن المتعلم ينتقي الاستجابة الملائمة للعناصر السائدة في الموقف، ويجعل استجابته موجهة إليها أكثر مما هي موجهة إلى العناصر العارضة.

التطبيقات التربوية لنظرية ثورندايك:

يرى ثوراندايك ضرورة تطبيق معطيات نظريات وقوانين التعلم من أجل إحداث تعلم جيد. ويرى عدم جدوى الأساليب التقليدية في عملية التعلم والتي تركز على التلقين والحفظ بل يجب التركيز على التعلم القائم على النشاط والعمل.

إسهامات ثورندايك في المجال التربوي:

- ضرورة استخدام التدريب والممارسة في التعلم وهذه الممارسة لابد أن تتبع بالثواب.
- تحديد الروابط بين المثير والاستجابة – وهذا يعني تحديد السلوك المناسب الذي يجب أن يقوم به الطالب من أجل الوصول إلى الاستجابة المناسبة.
- استخدام الثواب والعقاب لتعديل سلوك الطلاب، ولكن للثواب أثراً طيباً في التعلم، كما أن للعقاب نتائج سيئة خاصة عندما لا يتناسب العقاب مع السلوك المعاقب.
- تشجيع التعلم الذاتي – كأن نجعل الطالب يجرب نفسه حل المسائل وذلك بعد إفهامه الأسلوب والطريقة، فالتجريب الذاتي لحل المسائل يكون من الصعب على الطالب أن ينسى الحل بعد الوصول إلى الاستجابة الصحيحة.

- التدريج من السهل إلى الصعب في التعلم.
- يعتبر النشاط وسيلة التعلم الأساسي لدى ثورندايك لأنه خلال الاستجابة للمواقف عن طريق المحاولة والخطأ يتعلم التلميذ بعض الاستجابات التي تصدر عنه وبالانتقاء من هذه المحاولات، يتعلم التلميذ المحاولات الناجحة وتتدعم وخاصة عندما يعقبها ثواب مع ممارسة هذه المحاولة الناجحة.

ومن الأساس النظري والتطبيقي لهذه النظرية نستنتج أهمية التعلم القائم على الأداء والنشاط لأنه أكثر فاعلية في النمو التربوي للتلميذ من ذلك التعلم القائم على مجرد الإلقاء والتلقين. ومن ذلك يجب على المعلمين أن يهتموا بتدعيم حصصهم بالأنشطة والأداء والممارسة والتطبيق لما يقدمونه من جوانب نظرية مجردة.

مآخذ على نظرية ثوراندايك:

- من الانتقادات التي وجهت إلى نظرية المحاولة والخطأ تتمثل في صعوبة بعض مصطلحات النظرية ومن ذلك استخدامه للتغيرات التي تحدث في الخلايا العصبية.
- يرى أصحاب مدرسة الجشطالت إن تفسير ثورندايك للتعلم غير سليم حيث إن القطة توصلت إلى الحل عن طريق العشوائية المحضة وليس عن طريق التعلم، كما أنه أهمل أثر العمليات المعرفية من تفكير واستيعاب في إحداث التعلم.

نظرية الإشراط الإجرائي Operant Conditioning

مقدمة:

رائد هذه النظرية هو عالم النفس الأمريكي سكنر (B.F.skinner) الذي ينتمي إلى مدرسة ثورندايك - حيث نشر نموذجه المفصل والذي يعبر عن الرؤية الحديثة لقانون الأثر الذي وضعه ثورندايك وصاغه سكنر على صورة:"السلوك محكوم بنتائجه"، وهذا يشير على أننا إذا حددنا مكافأة تلحق بسلوك معين فسوف نلاحظ

أن ظهور ذلك السلوك يزداد بشكل متكرر وأن السلوك الذي لا يتبعه تعزيز يتناقص. ويختلف سكنر عن ثورندايك في أن ثورندايك يعتبر أن الرابطة بين المثير والاستجابة هي التي تقوى بالثواب بعد الاستجابة بينما الرابطة التي يؤكدها سكنر هي الرابطة بين الاستجابة والإثابة.

يرى سكنر أن السلوك تلقائي أو إجرائي Operant أي لا يشترط فيه وجود المثير. إذ أنه يمكن أن تتم الاستجابات دون وجود المثير. على سبيل المثال عندما تعلم القط لعبة معينة كان يتقلب على ظهره ففي هذه الحالة يصعب تحديد المثير غير الشرطي الذي يمكنه أن يولد هذا السلوك، مع أننا نكافئ القط عند قيامه بهذا العمل بالطعام، أو الاستحسان كالمسح باليد على جسمه، إلا أن الأكل أو الاستحسان ليس هو الذي ولد هذا السلوك، وإنما هو الذي عزز حدوثه. وفي هذه الحالة تقاس قوة الاستجابات التلقائية بدرجة الاستجابة نفسها لا بقوة المثيرات. ولكن في كثير من الأحيان تتمكن بعض المثيرات من إحداث هذه الاستجابات التلقائية وهنا نجد أن دور المثيرات ليس استثارة هذه الاستجابات ولكنها تعمل على تهيئة الموقف المناسب الذي يسمح بظهور هذه الاستجابات. وفي هذه الحالة تسمى الاستجابة التلقائية بالاستجابة التلقائية المتميزة (سيد خير الله 1988م).

وهكذا نرى أن اهتمام (سكنر) ينصب على الاستجابات نفسها، التي تصدر عن الفرد، وليس على المثيرات القائمة في الموقف السلوكي على اعتبار أن العمليات السلوكية إنما تتكون من مجموعة استجابات إجرائية، لا يرتبط كل منها بمثير محدد يعد هو المسئول عن صدورها كما يحدث في السلوك الاستجابي الذي تحدث عنه بافلوف - وهذا لا يعني أن (سكنر) ينكر تأثر السلوك الإجرائي بالمثيرات، حيث تدور معظم اهتماماته في تحليل السلوك حول أساليب السلوك الإجرائي عندما يتم ضبط المثيرات ضبطا جزئيا واشتراطيا كما حدث في تجارب الحمام والفئران والدلفين، بشكل مغاير لعملية الضبط الكلي التي تتم في حالة الإشراط الكلاسيكي (محمد عبد الحميد: 2004م).

يؤكد سكنر أن ما يتبع الاستجابة هو الـذي يحـدد احتمال ظهور السلوك، أو اختفائه، فالتعزيز الإجرائي يزيد من احتمال ظهور السلوك المعزز.

إن السلوك الناتج عن الإشراط الإجرائي هو بمثابة القيام بإجراء أو عمل في إطار البيئة المحيطة.

فإذا أخذنا مثلا التجربـة التي بـدأ فيهـا الفـأر بالضـغط عـلى الرافعـة يعطيـه الطعام، إن الحيوان في حالة الإشراط الكلاسيكي يكون سلبيا وغير فاعلا، بل إنه ينظر حتى يظهر المثير الشرطي الـذي يعقبه المثير غير الشرطي، أما في حالة الإشراط الإجرائي فإن على الحيوان القيام بشيءٍ ما حتى ينال التعزيز المطلوب.

إن الجزء الأكبر من السلوك الإنساني يمكن تفسيره على أنه إجرائي: كتابة رسالة، قيادة سيارة، الرسم، لعب الكرة – وهذه السلوكيات لا ينتزعها مثير غير شرطي كما هو الحال في الإشراط الكلاسيكي.

الإجراءات التجريبية عند (سكنر):

أجـرى فريدريك سكنر عـددا مـن البحـوث والتجـارب عـلى عـدد كبـير مـن الحيوانات كالفئران والحـمام والقـردة والأسـماك والأفـراد حيـث اسـتخدم ابنته في تطبيق نظرية السلوك الإيجابي الإنساني في التعلم.

كما وضع الحمام في هذا الصندوق وعلى الحمامـة أن ترفع رأسها لمسـتوى معين، ويمكن قياس هذا الارتفاع عن طريق مسطرة مدرجـة معلقة عـلى حائط الصندوق، حيث يقدم طبق الطعام بسرعة (مثير) كلما ارتفع رأس الحمامة فـوق الخط المحدد (استجابة). كما استخدم (سكنر) لوحة داخـل القفص بها نقطة حمراء أو سوداء وعلى الحمامة أن تنقر في هذه النقطة مـن أجـل الحصـول عـلى الثواب.

استخدم (سكنر) في تجاربه هذه أنواع مختلفة من المعززات تتناسب وطبيعة هذه الحيوانات كالجبن للفار والحبوب للحمام.....الخ.

وقد استطاع (سكنر) من خلال تجاربه تدريب البجعة للعب كرة الباسكت، وتدريب الحمام على توجيه قذائف المدفعية والصواريخ لقصف أهداف العدو في الحرب العالمية الثانية.

ومن التجارب المهمة في الإشراط الإجرائي تجربة الفأر في المختبر.

وضع (سكنر) الفأر في صندوق بسيط وغير معقد، وبه رافعة يوجد تحته طبق الطعام، كما يوجد فوقه ضوء يمكن إشعاله حسب ما يتطلبه الموقف التجريبي وتتصل الرافعة بجهاز تسجيل سلوك الفأر لمعرفة عدد المرات التي يضغط فيها الرافعة. لاحظ (سكنر) أن الفأر يأخذ في الحركة نتيجة لعدم شعوره بالراحة، وصدفة تلتطم إحدى قدميه بالرافعة وذلك قبل حدوث التعلم الشرطي.

بعد ذلك يربط مخزن الأكل مع الرافعة بحيث كلما قام الفأر بالضغط عليها فإن حبيبات الأكل تنزل إلى الصحن الموجود تحتها. ويكرر الفأر هذا السلوك في المرات اللاحقة - وبذا يكون تقديم الطعام يعزز حركة الضغط على الرافعة.

وإذا حذف الطعام من المخزن فإن معدل القيام بعملية الضغط سوف ينخفض.

أهمية التعزيز والتدعيم في نظرية (سكنر):

يرى (سكنر) أن التعزيز هو الإجراء الذي يضمن أو يزيد من احتمالية ظهور، وتكرار السلوك المعزز. هنالك علاقة عكسية بين التعزيز والانطفاء فكلما تم تقديم المثير دون أن يصاحبه تعزيز، فإن ذلك سيسرع في انطفاء الاستجابة المتعلمة.

ويقسم سكنر التعزيز إلى نوعين وفقا لأثر كل منهما:

1. التعزيز الإيجابي: **Positive Reinforcement**

وهو الذي يقوي من احتمال ظهور الاستجابة التلقائية مثل الطعام والماء...الخ. ويعد التعزيز الإيجابي ذا أهمية لتغيير السلوك، وأنه يفوق في أثره التعزيز السلبي أو العقاب. التعزيز الإيجابي في المواقف الصفية كالمديح والتشجيع، والتعاون يقوي السلوك المرغوب والمراد تعلمه.

2. التعزيز السلبي **Negative Reinforcement**:

يشمل الضوضاء، الصدمة الكهربائية والحرارة الزائدة أو البرودة الزائدة.....الخ، فهذا التعزيز السلبي والعقاب يجعلان الطالب يسعى نحو الفرار من نتائج مؤلمة ومنفرة، محاولا تجنب الفشل والخبرات القاسية.

يرى (سكنر) أن العقاب لا يفعل فعل المعززات السلبية، فهو يخفض من معدل الاستجابة ولكن أثره مؤقت سرعان ما يزول ويعود معدل الاستجابة إلى حالته الأولى. بمعنى أن العقاب ليس له أثر كالثواب - فليس له أهمية تُذكر على المجموع الكلي للاستجابات اللازمة لحدوث الانطفاء ولكن له تأثير مؤقت في معدل الاستجابة.

نلاحظ أن التعزيز السلبي ينشأ نتيجة إزاحة معزز سالب من الموقف لأنه يعد مثيراً منفراً يحاول الكائن الحي تجنبه، فظهور المثير مع المعزز السالب لعدد من المرات يؤدي إلى اكتساب هذا المثير لخاصية المعزز السالب، ويطلق على هذا المثير في هذه الحالة المعزز الشرطي السالب.

فالتعزيز الإيجابي إذن هو أمر يضاف إلى الموقف، بينما التعزيز السلبي هو أمر يستبعد من الموقف.

جداول التعزيز الإيجابي:

يرى (سكنر) أن التعزيـز الـذي يقدم للطـلاب يجـب أن يكون عـلى مختلـف الطرق والأساليب. وتسمى القواعد التي يتم تنظيم العلاقة بـين السـلوك والمعـززات بناء عليها بجداول التعزيز "Schedulesof Reinforcement"

وتتمثل هذه الجداول في التعزيز المتواصل، والتعزيز المتقطع.

أولاً: التعزيز المتواصل "Continuous Reinforcement":

يعني ذلك الجدول الذي يقدم فيه التعزيز للكائن الحي بصورة منتظمة عقب كل استجابة، وهذا النوع من الجداول هو الأنسب عندما يكون الهدف هو مساعدة الفرد على اكتساب سلوكيات جديدة ليست موجودة لديه. فعلى سبيل المثال، يمكـن أن نعزز الطفل العدواني عـلى كـل سـلوك غير عـدواني يقـوم بـه داخـل الفصـل أو المدرسة.

وعلى الرغم من فعالية التعزيز المتواصل في المراحل الأولى لتشكيل السـلوك إلا أن هناك قيوداً كثيرة تحد من استخدامه وهي:

أ. التعزيز المتواصل يؤدي إلى الإشباع مما يفقد المعزز قيمته التعزيزية.

ب. انطفاء السلوك وبسرعة بعد التوقف عن التعزيز المتواصل.

جـ إن التعزيز المتواصل يتطلب جهداً ووقتاً ولذلك فهو غير عملي.

ثانياً: التعزيز المتقطع:

هو ذلك الجدول الذي لا يتم فيه التعزيز عقب كل اسـتجابة مسـتهدفة وإنمـا يترك بعض الاستجابات بـدون تعزيز. إن معظم السـلوك الإنسـاني يخضع لجـدول تعزيز متقطع في الحياة اليومية، فصائد السمك لا يصطاد سـمكة في كـل مـرة يلقـي فيها شبكته ومع ذلك فإنه لا يتوقف عن الصيد.

ولا ينطفئ هـذا السـلوك لأنـه يخضـع لتعزيـز متقطـع. إن جـداول التعزيـز المتواصل هي الأكثر فعالية في مراحل اكتساب السلوك، بينما جداول التعزيز المتقطع هي الأفضل في مرحلة المحافظة على استمراريته. لقد أثبتت البحوث أن السـلوك الـذي يخضـع لجـدول تعزيـز متقطـع يبـدي مقاومـة أكـبر للانطفـاء مـن السـلوك الـذي يخضع لجدول تعزيز متواصل (جمال الخطيب: 1994م).

ومن أهم أشكال جداول التعزيز المتقطع:

أ. جداول الفترة الزمنية الثابتة Fixed Interval Reinforcement:

ففـي هذه الحالة يُعطي المعـزز بعـد مـرور زمـن ثابـت، كـأن يشـجع المعلـم الطالب بالمدح والثناء بعد ربع الساعة الأولى، وبعده بعد ربع الساعة الثانيـة...الخ، أو كأن يعطي المعلم الطالب علامة إضافية عن كل خمس مسـائل حسـابية يجيـب عنها إجابة سليمة في كل عشر دقائق.

إن سلوك الطالب الـذي يخضـع لهذا النوع مـن التعزيز يمر بفترة خمود في بدايـة الفترة الزمنية، ولكن معدل حدوثه يزداد عند نهايتها، لأن الطالب يـتعلم أن سـلوكه لن يعزز إلا بعد مرور فترة زمنية محددة.

وتكون هذه الظاهرة بشكل واضح عندما يتكون نظام التقويم المدرسي مـن اختبار نصف الفصل أو الاختبار النهـائي. ففـي بدايـة الفصـل الـدراسي لا يـدرس الطلاب إلا بشكل قليل وقـد لا يذاكرون أبـداً، ومع اقتراب موعـد اختبـارات نصـف الفصل "اختبارات أعمال الفصل" يبدأون بالدراسة والمذاكرة الجادة أكثر فأكثر إلى أن تصل مـذاكرتهم ودراسـتهم ذروتهـا في الأيـام القليلـة التـي تسـبق الاختبـار الفصلي. وبعد ذلك يتوقف الطلاب من جديد عـن المـذاكرة ومراجعة دروسـهم، كما تزداد مذاكرتهم مجدداً إلى أن تصل ذروتها مرة أخرى قبل الاختبار النهائي.

ب. جداول النسبة المتغيرة Variable-Interval Reinforcement:

هذه الجداول تشير إلى إمكانية تعديل التعزيز الزمني بحيث يتم على فترات متغيرة وغير ثابتة. من الأمثلة على هذا النوع من التعزيز هو قيام المعلم بإعطاء اختبارات فجائية، ففي هذه الحالة تختلف مذاكرة الطلاب لهذا المقرر كلياً عن مذاكرتهم للمقرر الذي يوجد به اختبار أعمال الفصل والاختبار النهائي بفترات معلومة.

تعتبر جداول التعزيز للنسبة المتغيرة هي الأنسب للاستخدام في غرفة الصف وفي المدارس لأن المعلم لا يحتاج لحساب عدد الاستجابات التي يقوم بها الطالب، بل هو يقوم بالتعزيز عشوائياً تقريباً. إن السلوك الذي يخضع لهذا الجدول يصعب إطفاؤه وهو لا يمر بفترات خمود بعد التعزيز لأن الطالب لا يستطيع التنبؤ بموعد حدوثه (جمال الخطيب: 1994م).

يجب أن نعرف إن درجة تشبع الطلاب بالعزيز تختلف من طالب لآخر، حيث إن بعض الطلاب يحتاجون إلى التعزيز أكثر من غيرهم. فمثل هؤلاء الطلاب بحاجة لأن يقدم لهم التعزيز لحظة سعيهم نحوه. يستخدم التعزيز بشكل فعال في مختلف المجالات: التعلم الحركي، وتعلم المهارات، وتعلم المعارف الخاصة، وتشكيل سلوك جديد، وتعديل سلوك قائم. بينما يقل استخدام التعزيز في مجالات الأعمال الإبداعية، والتفكير الإبداعي (محي الدين طوق وآخرون 2003م).

مما سبق نستنتج أهمية التعزيز داخل غرفة الصف وضرورة أن يعطي المعلم دوره وأن يبتعد عن المثيرات الصفية المنفرة للطالب وهي:
- الاستهزاء والسخرية المستمرة من استجابات الطالب.
- تقديم التعليقات المؤذية للطالب.
- إيقاف الطالب في مواجهة الحائط طوال فترة الحصة.
- إخراج الطالب من الصف لسلوك ما.

- تأخير الطالب من الانصراف إلى البيت بعد نهاية اليوم الدراسي.
- إعطاء الطالب واجبات كثيرة دون سائر زملائه.
- الضرب وعدم الرفق.
- غضب المعلم الشديد من الطالب.
- التهديد بالرسوب.
- عدم الاهتمام بمشاعر الطالب.

المعززات التي ينبغي أن يستخدمها المعلم:

أولاً: المعززات المادية **Tangible Reinforcement**:

تشتمل هذه المعززات على الأشياء المادية التي يحبها التلاميذ بالمدرسة مثل الألعاب، والتذاكر، والأقلام والكراسات. فهذه المعززات لها فائدة كبيرة في تعزيز التعلم الصفي.

ثانياً: المعززات الاجتماعية: **Social Reinforcement**

يشمل هذا النوع من التعزيز الثناء على التلميذ بعد أدائه لسلوك مرغوب فيه.

والجدول التالي يوضح بعض المعززات الاجتماعية.

إجابة عقلية فعلاً	التحدث بشكل إيجابي عن الطفل وسط زملائه
إنك طالب مثالي	الابتسام
فكرة رائعة	نظرات الإعجاب والتقدير
عظيم	تعبيرات الوجه التي توضح الرضا عن السلوك
أنت عالم حقاً	التصفيق
سيكون لك مستقبل عظيم في هذا المجال	أحسنت
	أنك ذكي

عند استخدام هذه المعـززات وخاصـة الثنـاء ينبغـي ألا يكـون بشـكل متكـرر عقب كل استجابة ناجحة - يجب استخدامه بشكل متقطع. وينبغي على المعلـم أن يقدم هذه المعززات بكل صدق وحماس.

ثالثاً: المعززات النشاطية **Activity Reinforcement**

هذه المعززات تقدم للتلميذ حال تأديته للسـلوك المرغـوب فيـه كالسـماح لـه بالخروج من البيت للعب كرة القدم بعد إنهائه للواجب الذي أعطي لهـا بالمدرسـة، أو يشاهد برنامجه التليفزيوني المفضل بعد انتهائه من مـذاكرة الرياضـيات وهكـذا. وتشـمل المعـززات النشـاطية الزيـارات، والـرحلات والرسـم، والألعـاب الرياضـية، والقصص.

والجدول التالي يوضح أمثلة عن المعززات النشاطية:

المشاركة في المسابقات الرياضية	اللعب مع الأصدقاء
الذهاب إلى الحدائق والمتنزهات	الاستماع إلى القصص
الاشـتراك في النشـاط الثقـافي بالمدرسـة وبالنادي	مشـاهدة الـبرامج التليفزيونيـة والحاسوبية
الاشتراك في الرحلات المدرسية	حضور الحفلات المدرسية

وعن طريق هذه المعززات نجعل التلميذ يقوم بأداء السلوك الذي يقوم بأدائه بشكل متكرر مرتبطاً بتأديته للسلوك الذي نادراً ما يقوم به. فمـثلاً إذا كـان التلميـذ يقضي معظم وقته خارج المنزل في اللعب مع أصدقائه، ويقضيـ دقـائق معـدودة في مراجعة دروسه يصبح هـدفنا هـو السـماح لـه بـالخروج للعـب فقـط بعـد تأديتـه للواجب المدرسي، أو بعد مراجعة الدروس.

الفرق بين نظرية الإشراط الإجرائي والإشراط الكلاسيكي:

تظهر الفروق بين النظريتين في الجدول التالي:

نظرية الإشراط الكلاسيكي	نظرية الإشراط الإجرائي
يركز على السلوك الانعكاسي الاستجابي	يركز على الاستجابة
السلوك غير إرادي	السلوك إرادي
المثير معروف ومحدد	المثير غير معروف ومتعدد
يركز على الاقتران بين المثيرات وهي المثير الشرطي والغير شرطي	يركز على نواتج السلوك ويقول سكنر في ذلك أن السلوك محكوم بنتائجها
المثير واحد والاستجابة واحدة عند الجميع	نفس المثير له استجابات متعددة
موقف التعلم (العضوية سلبي وغير فعال)	موقف التعلم "العضوية" إيجابي وفعال
التعزيز يرتبط بالمثير الشرطي	التعزيز يرتبط بالاستجابة

نظرية التعليم الاجتماعي:

بعد تصور باندورا بالملاحظة أخذ مكونات نظريته في التعلم الاجتماعي، فقد قام بتوضيح نظرية شاملة وموحدة للسلوك الإنساني، وأحداث تفسير رئيسي لمجالات واسعة من مجالات علم النفس ونظرية التعلم بخاصة، وذلك من خلال المنطق المحكم والدلائل الإمبيريقية على تقدير المؤثرات الأساسية والمؤثرة للتعلم بالملاحظة والمعرفة، ونشاطات تنظيم الذات حق قدرها. ومنذ عقدين تقريباً أخذت مقولات رئيسة ذات طبيعة نظرية تأخذ خطوات متسارعة، وكل مها تمثل دليلاً على قدرة هذا النموذج على تركيب السلوك والتنبؤ به (غازدا وآخرون، 1988).

مفهوم نموذج التعلم بالملاحظة:

يقوم نموذج التعلم بالملاحظة على افتراض مفاده أن الإنسان، ككائن اجتماعي، يتأثر باتجاهات الآخرين ومشاعرهم وتصرفاتهم وسلوكهم، أي إنه يستطيع أن يتعلم منهم عن طريق ملاحظة استجاباتهم وتقليدها. ويشير التعلم بالملاحظة إلى إمكانية تأثر سلوك الملاحظ أو المتعلم بالثواب والعقاب على نحو غير مباشر، حيث يتخيل المتعلم نفسه مكان النموذج، ويلاحظ ما يتعرض له هذا النموذج من ثواب أو عقاب نتيجة ما يقوم به من سلوك. غير أن الثواب والعقاب ليسا مسؤولين عن تعلم السلوك مسؤولية مباشرة، بل إن ملاحظة سلوك النموذج ومحاكاة الاستجابات الصادرة عنه هما المسؤولان عن التعلم، ولا ضرورة لإدخال أية متغيرات أخرى تنسب إليها مسؤولية التعلم بالملاحظة (أبو جادو، 2003).

آثار التعلم بالملاحظة:

يقترح باندورا ثلاثة آثار للتعلم بالملاحظة، وهي:

1. تعلم سلوكات جديدة:

يستطيع الملاحظ تعلم سلوكيات جديدة من النموذج، فعندما يقوم النموذج بأداء استجابة جديدة ليست في حصيلة الملاحظ السلوكية فإن الملاحظ يحاول تقليدها. ولا يتأثر سلوك الملاحظ بالنماذج الحقيقية أو الحية فقط، فالتمثيلات الصورية والرمزية المتوافرة عبر الصحافة والكتب والسينما والتلفزيون والأساطير والحكايا الشعبية تشكل مصادر مهمة للنماذج وتقوم بوظيفة النموذج الحي.

2. الكف والتحرير:

قد تؤدي ملاحظة سلوك الآخرين إلى كف بعض الاستجابات، أو تجنب أداء بعض أنماط السلوك، بخاصة إذا واجه النموذج عواقب سلبية أو غير مرغوب فيها من جراء إتباع هذا السلوك؛ فالمعلم الذي يعاقب أحد التلاميذ على مرأى من الآخرين ينقل أثر العقاب إلى هؤلاء التلاميذ، بحيث يمتنعون عن أداء السلوك الذي كان سبباً في عقاب زميلهم. وقد تؤدي عملية ملاحظة سلوك الآخرين إلى عكس ذلك، أي إلى تحرير بعض الاستجابات المكفوفة أو المقيدة، خاصة عندما لا يواجه النموذج عواقب سيئة أو غير سارة نتيجة ما قام به من أفعال.

3. التسهيل:

يمكن أن تؤدي ملاحظة سلوك النموذج إلى تسهيل ظهور الاستجابات التي تقع في حصيلة الملاحظ السلوكية التي تعلمها مسبقاً لكنه لا يستخدمها. أي أن سلوك النموذج يساعد الملاحظ على تذكر الاستجابات المشابهة لاستجابات النموذج بحيث يغدو استخدامها في الأوضاع المشابهة أكثر تواتراً؛ فالطفل الذي تعلم بعض الاستجابات التعاونية ولم يمارسها يمكن أن يؤديها عندما يلاحظ بعض الأطفال منهمكين في سلوك تعاوني.

وتختلف عملية تسهيل السلوك عن عملية تحريره؛ فالتسهيل يتناول الاستجابات المتعلمة غير المقيدة، والتي يندر حدوثها أو تواترها بسبب النسيان أو عدم الاستخدام. أما تحرير السلوك فيتناول الاستجابات المقيدة التي تقف منها البيئة الاجتماعية موقفاً سلبياً، فيعمل على تحريرها بسبب ملاحظة نموذج يؤدي مثل هذه الاستجابات دون أن يصيبه سوء.

مراحل التعلم في نظرية التعلم بالملاحظة:

تشير نظرية التعلم بالملاحظة إلى أن هناك أربع مراحل للتعلم من خلال النموذج، وهي (أبو جادو، 2003):

1. مرحلة الانتباه:

يعد الانتباه شرطاً أساسياً لحدوث عملية التعلم، فلا يمكن أن يكون هناك تعلم دون انتباه. وقد أظهرت نتائج الدراسات في هذا المجال أننا ننتبه للنماذج ذات السوية الرفيعة والكفاية العالية، وأن خصائص الطلبة تحدد بدرجة كبيرة مدى انتباههم لنموذج ما، بالإضافة إلى خصائص هذا النموذج. كما تؤدي الحوافز دوراً مهماً في عملية الانتباه. وأخيراً فإن درجة تميز المثير ونسبته وتعقيده توضح كذلك إلى أي مدى يمكن أن تستمر عملية الانتباه. والمعلمون الذي ينجحون في جذب انتباه طلبتهم يمكنهم أن يجعلوا عملية التقليد أكثر يسراً من خلال رؤيتهم للملامح الأساسية الضرورية للموقف التعليمي وجعله أكثر وضوحاً. ويرى باندورا أن الإنسان لا ينتبه لكل الحوادث التي تحصل في الحياة، وأن هناك على الأقل متغيرين رئيسين يؤثران على هذه العملية، فضلاً عن الدافعية، هما خصائص الملاحظ وخصائص النموذج. والنماذج التي تهتم بحاجات الأشخاص الذين يقومون بالملاحظة، والتي تقدم غالباً مكافأة لهؤلاء الملاحظين، هي التي يتم انتقاؤها من قبل الملاحظ.

ومن الخصائص الأخرى التي تؤثر على الانتباه مستوى النمو؛ ففي العادة إن الأطفال الأكبر سناً لديهم مدى انتباه أطول من الأطفال الأصغر سناً، وهم يعرفون متى ينتبهون ومتى لا ينتبهون للنموذج، إضافة إلى أنهم يكونون قادرين على توزيع الانتباه بطريقة إستراتيجية أكبر من أطفال ما قبل المدرسة.

2. مرحلة الاحتفاظ:

يحدث التعلم بالملاحظة من خلال التجاور (الاتصال): فالحدثان المتجاوران الضروريان هما الانتباه لأداء النموذج، وتمثيل ذلك الأداء في ذاكرة المتعلم. والملاحظون الذين يقومون بترميز الأنشطة المنمذجة يتعلمون ويحتفظون بالسلوك بطريقة أفضل ممن يقومون بالملاحظة وهم منشغلوا الذهن بأمور أخرى. ويتم الاحتفاظ بالمادة بشكل أفضل عندما يتمّ التدرب عليها وتكرارها بصورة علنية، مع أن التدرب والتكرار بصورة علنية ليسا ضروريين بشكل دائم. أما التدريب والتكرار غير العلني (الخفي أو الضمني) للمادة المراد تعلمها فيساعدان المتعلم على الاحتفاظ بالعناصر المتفاحية للنموذج السلوكي المراد نمذجته، مما يساعد في إجراء مطابقة ومماثلة بين سلوك المتعلم وسلوك النموذج.

3. مرحلة إعادة الإنتاج:

في مرحلة إعادة الإنتاج من التعلم بالنمذجة يوجه الترميز اللفظي والبصري في الذاكرة الأداء الحقيقي للسلوكيات المكتسبة حديثاً. وقد لوحظ أن التعلم بالملاحظة يكون أكثر دقة عندما يتبع تمثيل الدور السلوكي التدريب العقلي، كما لوحظ أهمية التغذية الراجعة التصحيحية في تشكيل السلوك المرغوب فيه. ويبدو أن مساعدة المتعلمين على تعرف استجاباتهم غير الصحيحة قبل أن يتم تطوير عادات سيئة هو من الممارسات التدريسية الفاعلة، وتعتبر التغذية الراجعة التصحيحية على درجة بالغة الأهمية في تطوير الأداء الماهر. وتعد هذه المعلومات ذات أهمية كبيرة أيضاً في تشكيل السلوك خلال المحاولات المبدئية لاكتساب السلوك. لذلك فإن بدايات تعلم السلوك أو اكتسابه تحتاج إلى مراقبة دقيقة من قبل المعلم أو النموذج.

4. مرحلة الدافعية:

يتم تمثيل السلوك المكتسب وتقليده من خلال ملاحظة الآخرين إذا ما تم تعزيزه، أما عندما تتم معاقبة هذا السلوك فإنه لن تتم في العادة عملية القيام به. وفي هذا الصدد تتشابه نظرية التعلم الاجتماعي مع نظرية الإشراط الإجرائي؛ فكلاهما يعترف بأهمية التعزيز والعقاب في تشكيل السلوك وإدامته. لكن في التعليم بالملاحظة ينظر إلى التعزيز والعقاب على أنهما عاملان يؤثران على دافعية المتعلم لأداء السلوكيات وليس على التعلم نفسه، ويعتقد منظرو التعلم الاجتماعي أن التعزيز أو العقاب بالإنابة الذي يحدث من خلال ملاحظة نتائج سلوك الآخرين يمكن أن يعمل أيضاً على تشكيل السلوك وإدامته.

الفصل السادس

الجشـــتالت

الفصل السادس

الجشـــــتـالـــت

مقدمة:

تعتبر نظرية الجشتالت، وكما يبدو من اسمها الـذي يـترجم إلى: الصـيغة أو الشكل أو البنية أو الإدراك الكلي بمثابة الاعتراض الكبير عـلى النظريـات الربطيـة التي تقوم على تجزئة المواقف إلى عناصر، ومحاولة فهمها من خلال فهم العناصر المكوِّنة لها، كما اتضح في الفصل السابق.

فالجشتالت (مجموعة من علماء الـنفس الألمـان) يـرون أن الكـلَّ أكـثر مـن مجموع الأجزاء: فاللحن الموسيقي أكثر من تتابع نغمات، والمثلث أكثر مـن ثلاثـة أضلاع تحصر بينها ثلاث زوايا، والكلام أكثر من صف حـروف، والخـوف أكثر مـن تسارع ضربات القلـب أو اصـفرار في الوجـه، والسـلوك أكـثر مـن مجـرد مثـيرات واستجابات.

إن الأمـر المحـوري في نظريـة الجشـتالت هـو (الإدراك)، والإدراك كـما هـو مألوف في الحياة يكون إجمالياً أولاً ثم يندرج إلى التفاصيل، وبمعنى آخر لا تفهـم التفاصيل إلاَّ في إطار الكل، فمنه تأخذ معناها، ومـن ترابطهـا بشـكل أو بـآخر في الكل الذي هي أجزاء فيه يكون لهذه الأجزاء تأثيرها. إن أسلاك الملف في الجـرس الكهربائي يكون لها تأثيرات مغناطيسية تـؤدي إلى الوصـل أو القطـع حـين تكـون هذه الأسلاك ملفوفة بشكل معين، وموجودة داخل الجرس الموصول

بالدائرة الكهربائية، وبغير هذه الصيغة فإنها لا تتعدى أن تكون أسلاك معدنية لا أكثر.

والتعلم عند الجشتالت هو استبصار في هذا الكل، وفهم حقيقي للعلاقات القائمة بين أجزائه بحيث يصبح لها معنى وليس مجرد إشراطات بين مثيرات واستجابات أو سلاسل تقربات إلى الأداء المطلوب.

إن التعلم عملية حيوية نشطة ثرية تقوم على إعادة تنظيم المواقف وليس عملية آلية تقوم على التكرار أو تقوى بالتعزيز كما يرى الربطيون. ولذلك يكتسب المتعلم بتعلمه خبرة يصعب نسيانها ويمكن أن يعممها المتعلم ويستثمرها في كل المواقف المشابهة[1].

مصطلحات النظرية:

- الجشتالت Gestalt: مصطلح باللغة الألمانية يشير إلى كلٍّ يتجاوز مجرد مجموع الأجزاء المكونة له، ويترجم إلى العربية بمعان مختلفة مثل: صيغة، شكل، نمط، نموذج، بنية....الخ وهي ترجمات تعجز عن تقديم المفهوم كاملاً.

- البنية/التنظيم: وفقاً للعلاقات القائمة بين الأجزاء المترابطة للجشتالت (الكل) تكون بنيته، فتتغير البنية بتغير العلاقات حتى لو بقيت أجزاء الكل على ما كانت عليه.

- إعادة التنظيم: استبعاد التفاصيل التي تحول دون إدراك العلاقات الجوهرية في المواقف.

- المعنى: ما يترتب على إدراك العلاقات القائمة بين أجزاء الكل.

- الاستبصار: الفهم الكامل لبنية الجشتالت (الكل) عن طريق إعادة تنظيمه،

---

(1) شدَّد الجشتالت على أهمية انتقال أثر التدريب في التعلُّم.

والوصول إلى المعنى الكامن فيه. ويرى جماعة الجشتالت أن الاستبصار يتم بشكل حاسم وليس بصورة متدرجة.

أولاً: نظرية الجشتالت (كوهلر)

التعلم عند الجشتالت:

حاول جماعة الجشتالت تأكيد الفرضيات التالية فيما يتعلق بعملية التعلم:

- إن التعلم مرتبط بالإدراك، فما نتعلمه مرتبط بالكيفية التي ندرك بها الأشياء، ويصعب علينا أن نتعلم أمراً إلا بعد أن ندرك معناه، أي بعد أن نعيد تنظيمه بشكل يساعدنا على إدراك العلاقات الأساسية التي يقوم عليها. وهذه الصورة المدركة هي التي نحتفظ بها في ذاكرتنا للأشياء.
- إن عملية إعادة التنظيم هي التي تعطي للأشياء معنى يجعلها مفهومة بالنسبة لنا، ولذلك فإعادة التنظيم هي العملية الأساسية في كل عملية تعلم؛ لأنها تجعل المتعلم يصل إلى البنية الجوهرية للأمر المراد تعلمه.
- إن التعلم مرتبط بالنتائج، فسلوك المتعلم يتوجه باستمرار وفقاً لما يتوقع أن يصل إليه كنتيجة لقيامه بهذا السلوك عندما تكون النتائج والسلوك الذي يقود إليها قد انتظما في إطار كل (جشتالت).
- إن التعلم يقوم على الاستبصار ويأخذ بعين الاعتبار العلاقات القائمة في الموقف، ولذلك يتجنب الأخطاء الدالة على الغباء، والتي يقع فيها المتعلم الذي يتخبط بطريقة عشوائية كما في حالة المحاولة والخطأ.
- الاستبصار يمثل ذخيرة يمكن الاستفادة منها في مواقف جديدة. فمعرفتك للعلاقات بين أجزاء المستطيل عند تعلمك كيفية حساب مساحته تساعدك على حساب مساحة متوازي الأضلاع الذي لم يسبق لك أن تعلَّمت طريقة لحساب مساحته، وذلك بتحويله إلى مستطيل، أي بإعادة تنظيمه إلى الشكل الأحسن،

أي الشكل الذي له معنى وهو ما تملك معرفة بنيته، وبالتالي يسهل عليك حساب مساحته، فيكون تعلمك قد امتدت آثاره من مشكلة سبق لك المرور بها إلى مشكلة جديدة.

- التعلم الحقيقي يقاوم النسيان فحين يكون التعلم قائماً على الفهم والاستبصار يصعب انطفاؤه بالقياس إلى التعلم القائم على الحفظ والذي يتحلل القسم الأعظم منه بعد فترة وجيزة من التعلم.

تجارب كوهلر:

أجرى كوهلر – أحد مؤسسي المدرسة الجشتالتية – تجارب متعددة على القردة[1] بهدف تأكيد فرضيات الجشتالت فيما يتصل بعملية التعلم، وقد وضع قرداً جائعاً في حجرة علق في سقفها قطف موز[2]، وراعى أن يكون المكان المعلق فيه الموز من الارتفاع بحيث يستطيع القرد الوصول إليه لو انتصب على رجليه ومدَّ يده إلى الأعلى، وكان في الغرفة عصي وصناديق خشبية ملقاة على الأرض، وعند بدء التجربة حاول القرد الاندفاع نحو الموز، فقذفه بالعصا ولكنه فشل في الحصول على الموز، ثم قفز من على أحد الصناديق نحو الموز ولكنه فشل أيضاً، وارتمى على الأرض وفجأة سحب أحد الصناديق ووضعه تحت قطف الموز ثم تناول العصا بيده وصعد على الصندوق ومدَّ العصا نحو قطف الموز ودفعه إلى الأرض وهجم يأكل. أعاد كوهلر التجربة على القرد نفسه بعد فترة فوجده لا يلجأ إل المحاولات العشوائية الخاطئة وإنما كرر فوراً المهمة الناجحة التي أوصلته إلى الموز في المرة الأولى.

إن القرد قد تعلم الوصول إلى الموز، وتعلم حلَّ المشكلة التي واجهته. وقد وجد كوهلر في تجارب أخرى أن القرد قد استفاد من تعلمه السابق، فحين لم

---

(1) اختار القرد لأن نمط التعلُّم الذي يحاول تأكيده لا تستطيع الحيوانات الدنيا القيام به.

(2) الموز طعام مرغوب فيه عند القرد.

تكن هناك عصى داخل الغرفة قام القرد بوضع الصناديق بعضها فوق بعض؛ حتى تمكن من تناول الموز بيده، أما حين لم تكن هناك صناديق بل عصي من القصب فقط، قام القرد بتركيب العصي بعضها داخل بعض على نحو أوصله إلى الموز.

إن تعلم القرد في نظر كوهلر قائم على إدراك العلاقات، قائم على الاستبصار، على الفهم؛ ممَّا يمكنه من استثماره في المواقف الجديدة بسهولة، كما أنَّ التعلم لم يكن متدرجاً بل جاء فجأة وخطوة واحدة بعد أن تمكن القرد من إدراك البنية في الموقف، أي بعد أن أعاد تنظيم الموقف بشكل يعطي معنى للموجودات التي بداخل الغرفة بالنسبة للموز وبالنسبة لحاجته لتناول الموز كطعام أي بالنسبة للموقف ككل.

خصائص الاستبصار:

- يعتمد الاستبصار على إدراك العلاقات بين أجزاء الموقف وإعادة تنظيمها بشكل يعطيها معنى بالنسبة لمن يقوم بعملية الاستبصار.
- يتم الاستبصار فجأة ويأتي في لحظة واحدة وليس متدرجاً أو من خلال تقربات للأداء المطلوب.
- إذا حلَّ المتعلم مشكلة ما عن طريق الاستبصار فإن الحل نفسه هو ما يستخدمه في مرات لاحقة، ولا يحتاج إلى التخبط العشوائي الذي يسبق الاستبصار.
- إن الحلول التي يتوصل إليها المتعلم عن طريق الاستبصار يمكن أن يستخدمها في مواقف أخرى مشابهة.
- إن التعلم القائم على الاستبصار يصعب نسيانه.
- إن التعلم القائم على الاستبصار يعزِّز نفسه بنفسه.

عوامل تؤثر على الاستبصار:

هناك عدة عوامل يمكن أن يكون لها تأثير على عملية الاستبصار منها:

أ. مستوى النضج الجسمي:

فالقرد الذي لا يستطيع الوقوف على رجليه بعد لا يستطيع أن يستفيد من العصا الموجودة بداخل القفص ولا من الصندوق لأنه لا يستطيع تناول الأولى ولا الصعود على الثانية؛ مما لا يتيح مجالاً للكشف عن قدرته على إدراك العلاقات التي يمكن أن تربط بين مثل هذه الموجودات والهدف الذي يحاول الوصول إليه.

وهكذا فقد كشفت الدراسات عن فوارق بين الكبار والصغار في القدرة على الاستبصار، وربما كان هذا هو السبب في استعانة كوهلر بالقرد بدل الحمام أو القط أو الفأر.

ب. مستوى النضج العقلي:

تختلف مستويات الإدراك تبعاً لمرتبة الكائن الحي في سلم المملكة الحيوانية، وبالنسبة للإنسان تختلف باختلاف تطور نموه العقلي، فالأكثر نمواً وخبرة يستطيع تنظيم مجاله وإدراك كثير من العلاقات فيه.

جـ. تنظيم المجال الذي يوجد فيه الكائن الحي:

فوجود العصا (الوسيلة) والهدف (الموز) والجوع كدافع يدفع القرد للحصول على الموز من أجل خفض توتره واستعادة توازنه وهذا شكل حسن في تنظيم المجال بحيث لو فقدت منه بعض العناصر مثل العصا لما حصل تعلم بالاستبصار، ولكانت هناك محاولات أخرى قد تقود إلى فشل.

د. الخبرة:

والمقصود بها عند الجشتالت الألفة، إذ أن الألفـة بعناصر الموقـف أو المجـال تجعل إمكانية تنظيمه وربط أجزائه بعلاقات أيسر على الكائن الحي من عدم الألفة بهذه العناصر، أو بعناصر مشابهة لها.

قوانين التعلم عند الجشتالت:

إن التعلُّم عند الجشتالت يعتمد أساسا على الإدراك ولذلك رأى (كوفكـا) وهـو من المؤسسين للجشتالت أن قـوانين (فيرتـايمر) في الإدراك تصـلح لأن تكون قوانين للتعلم. وكما هو معروف فإن قوانين الإدراك التي اقترحها فيرتـايمر هـي تفصيلات لقانون واحد دينامي هو ما يمكن تسميته بالميل نحو الشكل الأحسن والأكثر وضوحاً ودقة وتوازناً واتساقاً.

والقانون السابق يتضح من خلال تفصيلاته أو القـوانين الفرعيـة المشـتقة منـه وهذه القوانين هي:

أ. قانون التقارب Law of Proximity:

أي أن المفردات القريبـة أو المتجـاورة مكانيـاً أو زمانيـاً يمكن أن يـتم تعلمهـا بسهولة إذا ما نظرنا إليها كمجموعة واحدة.

فالقرد في التجربة المشار إليها يتوصل إلى استعمال العصا لتنـاول المـوز بسرعة إذا وجدت في نفس الجانب الموجود فيه المـوز (تقـارب مكـاني)، كـذلك فـإن تذكرنا للحوادث القريبة من الحـاضر يكـون أسـهل مـن تـذكر الحـوادث البعيـدة (تقـارب زماني).

ب. قانون التشابه Law of Similarity:

أي أن المفردات المتشابهة تنتمي إلى مجموعة واحدة.

فحين تكون مفردات مادة التعلم متماثلة أو متشابهة أو متساوية فإن تعلمها يكون أسهل؛ لأنه لا ينظر إليها حين تعلمها كمفردات مستقلة بعضها عن بعض وإنما ينظر إليها وكأنها كلٌ واحد.

جـ. قانون الإغلاق **Law of Closure**:

أي المفردات التي تميل لأن تكون كّلاً مغلقاً يتم تعلمها على اعتبار أنها داخلة في إطار ذلك الكل، وليس باعتبارها جزئيات غير منتظمة في كل. فالتعلم لا يتم بسهولة إلا إذا قام على إدراك المعنى من خلال إعادة تنظيم الموقف. وهكذا فأن سعي المتعلم إلى حل المشكلات التي تواجهه يكون بمثابة محاولة منه لإغلاق الموقف المؤلف من المشكلة ووسائل معالجتها والهدف من المعالجة.

د. قانون الاستمرار **Law of good Continuation**:

أي أن المفردات التي تنبثق عن مفردات أخرى لا تبدو للمتعلم كمفردات مستقلة وإنما باعتبارها جزءاً من التسلسل القائم، أي أنها تدخل ضمن إطار المفردات الأصلية أو ضمن الكل الواحد. وهذا المبدأ يبدو أحياناً وكأنه نظير لمبدأ عدم التناقض، إذ من الطبيعي أن يستمر الخط المستقيم مستقيما والخط المنحني منحنياً، ومن غير الطبيعي أن تتغير صورة هذا الخط أو ذاك نتيجة استمرايته في الاستطالة.

هـ. قانون المصير المشترك **Law of Comon Fate**

أي أن المفردات التي تجتاز نفس التغيرات يتم التعامل معها وكأنها كل واحد، وهكذا فقد تُعجب بالطابور العسكري المار أمامنا جملة أو لا نعجب وليس بالإمكان أن يكون الجندي رقم (5) في الطابور هو الذي أعجبنا، ففي مثل هذه الحالة يكون القانون النافذ هو قانون الكل أو لا شيء.

خلاصة الموقف من قضية التعلم عند الجشتالت:

يعتمد التعلم على الإدراك وإعادة تنظيم الموقف المدرك بحيث يسهل فهم معناه، والتعلم الفعال هو التعلم القائم على الفهم والاستبصار. والقدرة على الاستبصار تختلف باختلاف قدرة الأفراد على الاستجابة بطريقة سليمة، وهذه الأخيرة تعتمد على النضج الجسمي والعقلي والخبرات وتنظيم الموقف.

ويمكن للمتعلم عن طريق الاستبصار أن يستثمر خبراته التعليمية في مواقف جديدة مشابهة، وثمار التعلم بالاستبصار تقاوم الامحاء إلا إذا كان الشكل المتعلم شكلاً فوضوياً.

تطبيقات تربوية للنظرية:

إن التعلم عند الجشتالت في أساسه أقرب إلى التعلم عند الإنسان منه إلى التعلم عند الحيوانات، ولذلك فإن استثمار أفكارهم في المجالات التربوية واسع جداً من ذلك:

- إن تعلم الرياضيات الحديثة في الوقت الحالي له منطلقات جشتالية، أي أنه يعتمد على الاستبصار وإعادة التنظيم للمواقف من أجل إدراك العلاقات التي هي الأساس في الرياضيات.

- إن اهتمام التربويين بالتعلم بالطريقة الكلية في القراءة بدل الطريقة الجزئية القائمة على الانتقال من الحرف إلى الكلمة فالجملة يعد اهتماما مستمداً من أفكار الجشتالت.

- التركيز على تعلم المعاني والمفاهيم بدل تعلم الوقائع المفردة هو أحد أشكال التعلم التي يمكن أن تلقى تشجيعا كبيراً من جماعة الجشتالت.

- الاهتمام بالتعلم القائم على الفهم والاستبصار الذي شجع عليه جماعة الجشتالت يمكن أن يساعد في جعل التعلم في المدارس مثمراً في المواقف

الحياتية، ومقاوماً للنسيان الذي يعدُّ آفة العلم.

هـ قلّل جماعة الجشتالت من قيمة التكرار في حياة المتعلم، فالاستبصار لا يحدث نتيجة التكرار وإنما أثناء التدريب نتيجة توفر فرص أكثر لإلقاء الأضواء على جوانب الموقف بما يكفل إدراك العلاقات القائمة فيه.

و. نّبه جماعة الجشتالت إلى أهمية مدخلات المتعلمين في عملية التعلم فالخبرات الماضية يمكن أن تعطي ألفة بعناصر المواقف التعليمية أو بالعلاقة التي يمكن أن تنتظم هذه العناصر حتى يكون هناك خبرات نافعة لدى المتعلم.

ز. نبه الجشتالت إلى أهمية الابتعاد عن التعزيز حين يكون غير منتم إلى الموقف التعليمي فبدلاً من أن يقدم المدرس النجوم أو الهدايا للمتعلمين يستعيض عن ذلك بتعزيز منتمٍ إلى الموقف التعليمي نفسه، بحيث يؤدي التعزيز دور الإغلاق للموقف.

ثانياً: نظرية المجال Field Theory (ليفين)

مقدمة:

يعتبر كيرت ليفين (Kurt Lewin) من أكبر أنصار مدرسة الجشتالت، ولم يتميز عن مؤسسي المدرسة الجشتالتيه في شيء سوى أن المؤسسين قد ركزوا على الإدراك والتعلم والفهم والاستبصار في حين ركزّ هو على الشخصية ككل وكيفية تفاعلها مع مجالها الحيوي، وبهذا فإنه يكون قد تناول مشاكل التعلم من طريق جانبي. وتتلخص نظرة ليفين للتعلم بالقول: أن التعلم يتحدد على ضوء النمط الكلي للمجال الحيوي للمتعلم.

مصطلحات النظرية:

لم يستخدم ليفين مصطلحات متميزة عن تلك التي استعملها جماعة الجشتالت فيما عدا المصطلحات التالية:

- المجال الحيوي/Life Space ويقصد به ذاك الإطار الكلي مـن العوامـل: الداخليـة والخارجية، المادية والمعنوية، المدركة وغير المدركة التي يبـدو أن الفـرد يتصـرف بمقتضاها سواء أكان لهذه العوامل وجود فعلي أم لا.

- الحواجز: هي تلك العوائق المادية أو المعنوية والواقعيـة أو المتوهمـة التـي يجـد الفرد أنها تعرقل تقدمه نحو تحقيق أهدافه.

- الرسوم الثوبولوجية: هي تلك الرسومات التي يتوقع ليفين أن يكون لها دلالة على المناطق الواقعة في إطار المجال الحيوي لأحد الأفـراد، أي المناطق التـي تجتذبـه والمناطق التي يحاول تجنبها، ومبرزة الحـواجز التي تعتـرض تقربـه أو تجذبـه، وهذه الرسومات تحصر مناطق مطاطية، أي يمكنها أن تتسع أو تضيق وفق مـا يدخل على المجال الحيوي من تعديلات.

المجال الحيوي:

يرى ليفين أن سلوك الإنسان يتحدد في أي وقت مـن الأوقـات بمجموعـة مـن الأمور تنحصر في مجال معين أسماه المدى الحيوي Life Space ويضـم هـذا المجـال الفرد نفسه وما يدفعه من غرائز وما يخضع له من توترات وما يتأثر به من أشخاص أو أشياء أو أفكار، وما يتطلع إليه من أهداف وما يراه من طـرق موصلة للأهداف، وما يعترض توجهه إلى الأهداف من حواجز أو عقاب. وباختصار فإن أهم ثلاثة أمور تقع في نطاق المجال الحيوي للفرد ما يلي:

أ. الأهداف التي يسعى إلى تحقيقها.

ب. الأشياء أو المواقف التي يحاول تجنبها.

جـ الحواجز التي تعيق تقدمه نحو تحقيق الأهداف أو تحد من تحركه بعيداً عمَّا يريد تجنبه.

والمجال الذي يشير إليه ليفين ليس مجالاً فيزيائياً جامداً، ولكنه مجالٌ مطاطيٌّ يتسع أو يضيق بمقدار ما يتأثر به الشخص الذي يعيشه. فقد تكون هناك أشياء موجودة بصورة فعلية ضمن هذا المجال، ولكنها لا تكون مؤثرة على الفرد لأنه لا يدرك وجودها أو لأنه يستجيب وكأنها غير موجودة. وفي الوقت نفسه قد يتصرف الفرد وكأن هناك أموراً تؤثر عليه فتكون هذه الأمور جزءاً من مجاله الحيوي مع أنها غير موجودة فعلاً.

ونحن كثيراً ما نسمع بعضهم يتذمر من مشكلة، وعندما يطرحها علينا لا نشعر أنها مشكلة، فهي مشكلة ضمن إطاره الحيوي فإذا خرجت من ذلك الإطار لا تعود ذات بنية أو معنى. إن القضية كما نلاحظ تعتمد على الكيفية التي ينظر الفرد إلى الأمور ولا تعتمد على طبيعة الأمور نفسها.

ولما كانت بعض الأمور تؤثر في سلوك الإنسان دون وعي أو إدراك منه فإن تفسيرنا يصبح أكثر توافقاً مع ما قصده ليفين بالمجال الحيوي عندما نقول: إن القضية تعتمد على سلوك الإنسان وتصرفه، فإذا كان هذا التصرف يوحي بوجود أشياء تكون جزءاً من المجال الحيوي مع غيابها مادياً، وتصرف وكأن أمراً لم يحدث تعتبر الأمور غير واقعة فعلاً في المجال الحيوي.

يمثل ليفين المجال الحيوي برسوم ذات بعدين أحدهما إيجابي والآخر سلبي. أما البعد الإيجابي فيرمز له في أشكاله بإشارة (+)، ويدخل في نطاقه كل ما يتقرب إليه الإنسان: كأكل الحلوى أو تناول الشاي أو المحافظة على المكانة الاجتماعية أو جمع الثروة أو السعي وراء الزواج. أما البعد السلبي فيرمز له في أشكاله البيانية بإشارة (—)، ويدخل في نطاقه كل ما يتجنبه الإنسان مثال ذلك: تلقي صفعة على الوجه أو تهديد أمن الإنسان أو الشعور بالإثم عند المجرم أو الخسارة في التجارة....الخ.

وكانت الأشكال البيانية التي يرسمها ليفين هندسية توبولوجية، أي مطاطـة فالمسافات فيها ليست متناسبة مع المسافات في الهندسة العادية، والاهتمام فيها لا ينصب على المسافات أو المساحات أو الأشكال وإنما على الحواجز التـي تفصـل بـين المناطق، ومن الأمثلة على هذه الحواجز:

- الحواجز المادية: كالباب المغلق أو المكان المرتفع أو عدم نضج الطعام.

- الحواجز العقلية: كصعوبة الامتحان أو تعقُّد مفاهيم الدرس.

- الحواجز الاجتماعية: كالابتعاد عن نادٍ له قيمة رفيعة.

إن المناطق التوبولوجية في المدى الحيوي لإنسان مـا، ومـا يفصـل بينهمـا مـن حواجز قد تساعد في تحديد المسالك التي يمكن أن يتخذها ذلك الإنسان للوصـول إلى أهدافه. أما القوة النسبية للنزوع عند الإنسان نحو المناطق الإيجابية أو بعيداً عن المناطق السلبية فتتحدد على ضوء اتجاهات الأسهم المنطلقـة مـن الفرد نحو هذه المناطق، وأطوال هذه الأسهم في الرسم التوبولوجي، حيـث يعبر طـول السهم عن قوة النزوع. ومع ذلك تبقـى توبولوجيـة ليفـين غـير كافيـة لمساعدتنا في التنبؤ بسلوك إنسان حـين تتعـدد المنـاطق التوبولوجيـة الجاذبة لأحدهم أو التي عليـه تجنبها. إن ليفين لا يستطيع أن يجيبنا عن الكيفية التي يتصرف وفقها شخص يتطلع إلى مستقبل رغد وفي نفس الوقت يرغب في أن يكون باحثاً علمياً متعمقاً، وهمـا أمران جاذبان حقاً ولكنهما لا يتفقان في المسالك التي يمكن أن تقود إلى كـل مـنهما. وبمعنى آخر فإن هناك ضعفاً في قدرة ليفين على التنبؤ بالسـلوك، وهـذا مـا يلاحـظ أيضاً فيما قدمه من تنبؤات فيما يتصل بتعلم الإنسان.

التعلم عند ليفين:

إن التعلم في نظرية ليفين هو تغير أو تعديل يطرأ على المجال الحيوي فيـزداد هذا المجال تمايزاً ووضوحاً، وتبرز فيه مناطق توبولوجية فرعية تساعد بصورة أكبر على تحديد التتابع في سلوك الفرد.

إن التغير أو التعديل الذي أشار إليه ليفين يحدث تبعاً لنوع من التنميط في الإدراك، وقد يتم ذلك أثناء التكرار الذي يعطي فرصة لتعديل هذا المجال بإعادة تنظيمه بطريقة تسمح بأن يأخذ بنية أحسن، أي البنية التي تساعد على تحقيق الأهداف الجاذبة وتجنب ما ينفر.

ومن مشاكل التعلم التي حاول ليفين معالجتها بشيء من التفصيل مشكلة الثواب والعقاب[1].

حيث يرى ليفين أن هناك فروق حقيقية في البنية بين مواقف الثواب والعقاب. فالنشاط الذي يثاب يصبح الدافع له داخلياً بينما النشاط الذي يمارس تحت التهديد بالعقاب يتضخم النفور منه، فتصبح القضية بالنسبة للمتعلم قضية نجاح وفشل بدل كونها قضية ثواب وعقاب.

إن مواقف الثواب والعقاب تتضمن صراعاً من نوع الإقدام أو من نوع الإحجام. ففي المواقف المثابة نجد المتعلم يعاني من ممارسة العمل ولكنه لا يتركه بسبب جاذبية المكافأة المترتبة عليه والحواجز التي تحول دون الوصول للمكافأة بدون عناد، فيستمر في التعلم تحت صراع الإقدام، وقد ينتهز المناسبات للتحاليل والوصول إلى المكافأة كالغش في الامتحانات. أما في المواقف المعاقبة فالمتعلم يميل إلى ترك العمل الذي يمارسه تحت التهديد ولكن حواجزاً تحول دون ذلك فيستمر في العمل تحت صراع الأحجام.

التطبيق التربوي للنظرية

إن أهم التطبيقات التربوية التي يمكن أن تستمد من تفسيرات كيرت ليفين هي أن يدرك المعلم أن الأهداف التي يتبناها هو قد تكون غير الأهداف التي

---

(1) د. فؤاد أبو حطب: علم النفس التربوي، ص 246.

يتبناها طلابه، ولذلك عليه دائماً أن يحاول جعل دروسه تحقق الأهداف التي يشعر أن طلابه يرغبون فيها وليس ما يشعر هو نفسه بأهميته.

ويمكن أن يستفيد المعلم من الأفكار التي طرحها ليفين في تقدير الصعوبات التي يواجهها التلاميذ مما قد يستخف به المعلمون أحياناً، وذلك لأن المعلم حين يضع هذه الصعوبات ضمن إطاره الحيوي يجدها غير هامة، وينسى ـ في هذه الحالة أن معنى هذه الصعوبات مستمدة من المجال الحيوي للتلاميذ الذين نشأت عندهم الشكوى من هذه الصعوبات. إن هذه الصعوبات في نظر التلاميذ الذين يشعرون بها تشكل حاجزاً توبولوجياً سميكاً يوجد في مجالهم الحيوي، هذا المجال الذي يتحدد عند التلاميذ على ضوء استعداداتهم وقدراتهم وميولهم ورغباتهم ومطالب المرحلة العمرية التي يجتازونها والخبرات التي مرّوا بها والواقع الذي يعيشونه والقيم التي يتبنونها والعادات التي تحكم سلوكهم وغير ذلك.

ومن التطبيقات التربوية الأخرى لتفسيرات ليفين ذلك التشديد على الاهتمام بالجو المدرسي وأنماط التفاعل الصفي، باعتبار أن هذه الأمور يمكن أن تدخل تعديلات بالاتجاه الإيجابي على المجال الحيوي والبنية المعرفية للتلميذ إذا أحسن المعلم استثمارها.

ثالثاً: النظرية البنائية Constructivisim (بياجيه)

مقدمة:

في العشرينات من هذا القرن ابتدأت بجنيف بسويسرا بحوث وكتابات العلامة الفذ (جان بياجيه Jean Piaget) حول النمو المعرفي عند الأطفال، وكانت ملاحظاته الدقيقة لأطفاله الثلاث في بداية الأمر هي أهم مصادره الهامة في هذا الموضوع. واستمر بعد ذلك يعاونه مريدوه ومريداته أمثال (انهيلدر

وميجـالي) في الخـوض بدراسـات موسـعة تناولـت الـتعلُّم وتطـور التفكـير والاستدلال. وكان آخر كتبه في هذا المجال عام 1975 (الموازنة في البنـى المعرفيـة) من أغرز وأعمق ما كتب في علم النفس.

ظلت كتابات بياجيـه أربعـة عقـود مـن الزمـان لا تلقـى الاهـتمام اللائـق بمكانتهـا، وفجـأة أخـذت تسـتقطب الاهـتمام في السـتينات بعـد أن نقـل (جـون فلافل) أفكار بياجيه إلى القراء باللغة الإنجليزية حتى أن عدد البحوث والمقـالات التي تناولت ما كتبه بياجيه قد زادت في العقدين الأخيرين على ثلاثين ألف.

انطلق بياجيه من فكرة أساسية مؤداها أن التفكير عند الإنسان يتحدَّد بنفس العمليات التي تحدَّد النمو والتغير الفسيولوجي في جميع أنظمة الجسم الإنسان[1]. فالتفكير يبدأ من أساس بيولوجي فطري قوامه القدرة على (الموازنة)[2] التي تقود السلوك الكلي للإنسان بصورة تجعله ينتظم في نسق معرفي نامٍ غير متناقض نتيجة استمرارية التلاؤم مع الخبرات الجديدة وتمثلها في إطار الخبرات المألوفة، لتصبح رصيداً متنامياً يساعد على إثراء القدرة على الموازنة؛ ممَّا يدخل تحسينات مضطردة على عمليات التلاؤم والتمثل في سلوك الإنسان.

وهذا في نظر بياجيه هو ما يؤدي إلى ارتقاء مستوى التفكير خلال مراحل حياة الإنسان من المستوى الحس-حركي في أول سنتين من العمر إلى مستوى ما قبل العمليات ما بين السنة الثانية والسابعة إلى مستوى العمليات الإجرائية ما بين السابعة والثانية عشرة إلى المرحلة الصورية بعد الثانية عشرة.

---

(1) كان بياجيه عالماً بيولوجياً في الأساس.

(2) سنترجم هذه الكلمة في المصطلحات الخاصة بالنظرية.

مصطلحات النظرية:

- المقلوبية: Reversibility تشير إلى القدرة على التأمل في الآثار المترتبة على إمكانية إبطال أي تحول. فالطفل الذي يشاهد عصوين متساويتين في الطول وتكون إحداهما مسحوبة إلى الأمام قد لا يدرك أنهما يمكن أن تكونا متساويتين إلا إذا كان يملك القدرة على التعامل مع الأشياء بالمقلوب، بمعنى إذا كان يملك أن يتأمل فيما يمكن أن يحدث حين تدفع العصا المسحوبة إلى الأمام بالاتجاه المخالف. ومفهوم المقلوبية لا يكتسبه الطفل من مشاهدة الأحداث الخارجية وإنما بتنظيم داخلي توجهه الأنشطة العقلية الخالصة.

- بقاء الكم: Conservation يشير هذا المبدأ إلى بقاء أحد أبعاد شيء ما على ما هو عليه إن كانت التغيرات تمس أبعاداً أخرى في الشيء، ولا تمس البعد المقصود نفسه. مثال ذلك وزن قالب السكر لا يتأثر بطحن القالب وتحويله إلى سكر ناعم.

- الموازنة: Equilibration هي خاصية تتجلى باضطراب المتعلم أمام المواقف التي لم تفهم بعد وتنتهي بالتكيُّف القائم على عمليتي التمثل والمواءمة اللتين تكونان متظافرتين معاً.

- التمثل: Assimilation عملية تلقي المعلومات الجديدة بشكل يجعلها تدخل في إطار الأنشطة المألوفة.

- الملاءمة: Accommodation عملية تختص بتركيز الانتباه على المواقف الجديدة.

- المخططات: Schemas أنساق المعارف النامية باستمرار نتيجة عمليتي التمثل والمواءمة مثل:

- المخططات الحس حركية كالمص والبلع.

- المخططات الصورية عن المكان بصورة عامة وليس هذا المكان أو ذاك أو الزمان بصورة مجرَّدة وليس هذه اللحظة أو تلك أو العدد مجرداً عن المعدود.

العمليات التي يقوم عليها التطور العقلي المعرفي:

يقوم التطور العقلي المعرفي عند بياجيه على خاصية أساسية ذات منشأ بيولوجي فطري هي الموازنة (Equilibration) أي التنظيم والتكامل، فما يستطيع الإنسان عمله وما يرغب في عمله وما يتلقاه من معارف، كلها أمور تكون خاضعة باستمرار لإعادة تنظيم، ولنوع من التكامل ذي الطبيعة الدينامية. ويتم بفضل وظيفتين متكاملتين هما: المواءمة والتمثل.

والمواءمة تتضمن تكييف إمكانيات المتعلم بشكل يساعده على تركيز انتباهه على الموقف الجدي بما يكفل جعله قابلاً لأن يتم تمثله أي تعلمه.

أما التمثُّل فهو تلقي المعلومات الجديدة من البيئة وتوظيفها بإدخالها في إطار الأنشطة المألوفة.

وهكذا فإن ما يتم تعلمه ينتظم ويتكامل في البنية المعرفية القائمة، ويدخل تطويراً عليها في نفس الوقت ممّا يجعلها مهيأة لتعلُّم جديد على مستوى أرقى من المستوى السابق. وتستمر العملية بهذا الاتجاه التطوري البنائي، ومن هنا جاءت تسمية النظرية بالبنائية.

إن نواتج عمليتي التمثُّل والمواءمة هي تلك المخططات Schemas الذهنية المتطورة التي تجعل الإنسان قادراً على معالجة الأمور التي تواجهه بشكل يتميَّز بالسمات التالية:

أ. تتابع مراحل تطور التفكير بحيث تكون مخططات كل مرحلة متضمنة في المرحلة التي تليها، ولكنها معدلة بصورة تجعلها تتكامل مع نتائج عمليات

التمثُّل والمواءمة التي تتم في المرحلة اللاحقة.

ب. تكامل المخططات في تنظيمات هرمية.

جـ تزايد المخططات اتساعاً وتمايزاً بما يزيد نطاق قدرات الإنسان.

د. تحسن السلوك بصورة متزايدة، فيصل الإنسان بالتفكير إلى النتائج التي يمكن أن تترتب على ما سيعمله، بدلاً من أن يمارس نشاطاً خارجياً وينظر إلى نتائج هذا النشاط إن كانت هي ما يبتغيه أم لا.

مراحل تطور التفكير:

تابع بياجيه بدقة التغيرات التي تطرأ على تفكير الطفل من أيامه الأولى حتى يبدأ مرحلة التفكير الاستدلالي أو مرحلة العمليات الصورية المجرّدة، وقد أظهر تفاصيل مما يحدث في كل فترة وقدم تفسيرات لكل تغير حاصل، مـما لا يتسع هذا الفصل للحديث عنه.

ولاختصار الموقـف نسـتعين بالصـورة المختصـرة التي قـدمها هيلجـارد (Hilgard) لهذه المراحل دون الخوض في التغيرات المتميزة داخل كل مرحلة.

المرحلة الأولى (الحس-حركية):

تظهر ملامح هذه المرحلة في أول سنتين من عمر الإنسان، حيث تبـدأ حيـاة الطفل بممارسة سلبية لمخططات المص والبلع والإخراج ثم سرعـان مـا تتطور إلى صور أكثر إيجابية تدل على قيام عمليات تمثُّل ومواءمة في تفكيره؛ مـما يقـود إلى تطور المخططات عنده وتآزرها وتمايزها وتمثلها. ويظهر ذلك في تمييز الرضيع بين نفسه وباقي الموضوعات، وفي وعيه بالعلاقة بين أفعاله ونتائجها، وفي توجهه عـن قصد، وفي حركاته التجريبية، وفي نمو مفهوم المكان والاستمرار عنده.

ومن أنشطة الطفل الدالة على ما ذكر:

- الإمساك بالأشياء ورميها مرات متوالية.

- متابعة الأشياء المتحرِّكة أمامه بالنظر.

- قلب الزجاجة للوصول إلى حلمة الرضاعة.

- الدوران حول عائق للوصول إلى هدف.

- هزّ (الخرخيشة) والاستماع إلى صوتها.

- إلقاء الأشياء على الأرض والنظر إليها.

- قبول أشياء ورفض أشياء أخرى.

- البحث عن شيء ثمَّ إخفاؤه تحت الوسادة.

المرحلة الثانية (ما قبل العمليات):

تمتد هذه المرحلة ما بين السنة الثانية والسابعة، وفي بداية هذه المرحلة نرى الطفل غير قادر على استخدام المفاهيم، فهو ينتقل من الخاص إلى الخاص، ولا يتعدى مفهومه عن العلاقات أو الفئات قياس التشابه بين مفردات الفئة. وفي منتصف المرحلة يصل الطفل إلى التفكير الحدسي، أي التفكير بالاستعانة بالأشياء وليس بالمفاهيم. ولكن هذا النمط من التفكير قلما يساعد الطفل على الوعي بمفاهيم أساسية ضرورية جداً عند الراشدين كمفاهيم بقاء الكم ومفاهيم المقلوبية، مما سبقت الإشارة إليه في مصطلحات النظرية. ولذلك نجد الطفل في هذه المرحلة يستجيب لمظهر الأشياء وليس لأبعادها الحقيقية، كما يستجيب من جانب واحد ويهمل الجوانب الأخرى.

ومن أنشطة الطفل الدالة على ما ذكر:

- قول الطفل هذا كرسي وذاك كرسي ولا يقول هذه كراسي؛ لأنه يدرك تشابهها ولا يفهم انتماءها إلى فئة.
- يهتدي إلى المدرسة حين يذهب إليها، ولكنه لا يستطيع أن يرشدك كلامياً إلى كيفية الوصول إليها.
- لا يستطيع تصور وجهة نظر الآخرين، فلا يزال متمركزاً حول ذاته ولا يستطيع مواءمة نفسه مع الآخرين.
- يعرف أن له أخاً ولكن لا يعرف أنه أخٌ لأخيه.
- يطلب الحذاء الأحمر حتى ولو كان الحذاء الأسود أكثر مناسبة لمقاس رجله، فهو ينظر للأمور من جانب واحد.
- إذا صُبَّ الحليب الموجود في كأسه داخل إناء أوسع لتبريده فإنه يطالب بملىء الإناء الكبير؛ لأنَّ الكم في نظره قد نقص بسبب نقصان ارتفاع الحليب في الإناء الجديد، وهذا يدل على عدم فهم مبدأ بقاء الكم.
- إذا سحبت إحدى عصوين متساويتين إلى الأمام تصبح هذه العصا في نظره أطول من العصا التي لم تسحب؛ ممّا يدلُّ على عدم فهمه لمبدأ المقلوبية.

المرحلة الثانية (العمليات الإجرائية):

تمتد هذه المرحلة ما بين السنة السابعة والثانية عشرة. وفي هذه المرحلة تظهر العمليات الإجرائية، وهذه العمليات تستند إلى المبادئ ولكن غير مستقلة عن العمليات المحسوسة، وبمعنى آخر تكون هذه العمليات مقيدة زمانياً مكانياً، ويمكن توضيح ما نقصد من خلال المثال الثاني: تعرض العصا (أ) والعصا (ب) على أطفال هذه المرحلة فيجدون أن العصا (أ) أغلظ من (ب). ثم تعرض العصا (ب) والعصا (جـ) فيجدون أن العصا (ب) أغلظ

من (جـ) وقد يستنتجون من ذلك أن (أ) أغلظ من (جـ) مع أنهم لم يشاهدوا (أ) مجتمعة مع (جـ).

إنَّ الأطفال في هذه المرحلة يستطيعون عمل تجميعات للأعداد والكتل والأوزان عن طريق تصنيفها أو ترتيبها وفقاً لبعد أو لآخر.

مثال ذلك:

- أن يقوم الطفل بترتيب الأرقام تنازلياً أو تصاعدياً من الأكبر إلى الأصغر أو من الأصغر إلى الأكبر.
- أن يرتُّب الأسماء أبجدياً.
- أن يصنِّف الأوزان التي تقل عن قيمة معينة في فئة، والأوزان التي تزيد عنها في فئة أخرى.

المرحلة الرابعة (العمليات الصورية):

تبدأ هذه المرحلة مع فترة البلوغ حين يبدأ البالغ يميز بين الواقعي والممكن، بمعنى أنَّه يصبح قادراً على معالجة الموضوعات غير الموجودة وكأن لها وجوداً واقعياً، أي يصبح تفكيره قائماً على الأمور المجردة وعلى الفرضيات، كما يصبح بإمكانه تصور عزل جوانب المشكلة التي يواجهها لمعالجتها بشكلٍ مستقل عن جوانب أخرى تعوق المعالجة، وكذلك التنقل من جانب إلى آخر بانتظام.

ويمتد البالغ بتفكيره خارج الأمور العقلية إلى الأمور الانفعالية والاجتماعية والأخلاقية والجمالية.

خلاصة الموقف من قضية التعلُّم عند بياجيه

يرى بياجيه أن التعلُّم حالة خاصة من حالات التطور، والتطور عملية تقود إلى زيادة وعي المتعلم بالإجراءات التي يعرف بها الأشياء. ولذلك فالتعلُّم عملية خلق وإبداع وليس مجرد مجموعة محاولات تقود بشكل عشوائي إلى الاستجابة الناجحة كما يرى ثورندايك أو تراكم استجابات تصل بصورة متدرجة إلى الإنجاز الكامل كما يرى سكينر.

وحتى يتم التعلُّم فلابدَّ من أن يقوم المتعلم بالاستدلال من مستوى معين، وتقل الأخطاء كلما ارتقى مستوى الاستدلال.

والمتعلم ينظم تعلُّمه ذاتياً بحيث يزيل التناقض الذي يحدث في البناء المعرفي عنده بعد كل عملية تعلُّم جديدة، كما أن التعلُّم الجديد قد يكشف عن أخطاء في البنى المعرفية القائمة فيساعد على إدخال التعديل اللازم عليها. ذلك لأن التعلم عند بياجيه ينطوي على تفاعل تكيفي يتم معه تمثل المعارف الجديدة في الإطار المعرفي القديم وملاءمة المعارف القديمة لتتوافق مع الحقائق الجديدة.

أما موقف بياجيه من التعزيز فيظهر أنه مطابق لوجهة نظر الجشتالت حيث يرى أن التعلُّم الحقيقي أو التعلُّم الذي له معنى هو ما ينشأ عن التأمل، وإن تعزيز مثل هذا النوع من التأمل ينبع من إحساس المتعلم بالتعلُّم، وهكذا يكون التعزيز عند بياجيه ذاتي وليس خارجي.

تطبيقات تربوية للنظرية

لأبحاث بياجيه قيمة تربوية كبيرة، وقد ألَّف هو نفسه كتباً لتعليم مفاهيم العدد والزمن والحركة والسرعة والهندسة والمنطق شكلت جزءاً من مناهج المدرسة الابتدائية والثانوية لفترات طويلة.

- نبه بياجيه في بحوثه إلى مستويات تطور التفكير عند الأطفال ومضامين هذا

التطور في كل مرحلة عمرية، وفي هـذا توجيه مباشر للمعلمين في اختيـارهم لمحتوى وأهداف مساقات الـتعلُّم المناسبة لكل مرحلة كأن تكون حسية حركية في مرحلة الحضانة، تقـوم عـلى الحـدس في المرحلة الابتدائية الـدنيا، وتستند إلى العمليات الإجرائية في المرحلة الابتدائية العليا فالإعدادية، وتقـوم على التجريد في المراحل الثانوية.

- أبـرز بياجيـه أهميـة التنظيـم الـذاتي في تعلُّـم طفـل الروضـة، وضرورة عـدم استعجال انتقاله إلى المرحلة الدراسية اللاحقة، كما أكّد عـلى ضرورة تشجيع الطفل على القيام بالنشاطات التي تستثير التفكير في التغيرات التي تحدث في الطبيعة أو تساعد على إدراك نسبة الأمور.

- لأفكار بياجيه عن الأبنية المعرفية المتكونة في كل مرحلة عمرية دور هـام في توجيه أعمال المشتغلين في إعـداد اختبـارات لقياس الاستعدادات المدرسية العامَّة والنوعية.

- أكدَّ بياجيه على أهمية الاعتماد على الأفكار المجردة في معالجـة القضـايا التـي تواجه التلميذ في المراحل الدراسية العليا ونبه إلى الخطأ الذي يمكن أن نقـع فيه لو عممنا الأمـر في المراحـل الدراسية الدنيا التي تكـون فيهـا المفاهيم متصلة مباشرة بالعمليات أو التي تعتمد اعتماداً كلياً عـلى الجانب الحـدسي أو الحس حركي.

الفصل السابع

الــــــذكـــــاء

الفصل السابع

الذكـــــــــــــاء

مقدمة:

إن مفهوم الذكاء من أكثر المفاهيم شيوعاً وتداولاً بـين النـاس، حيـث ينظـر الكثيرون إليه على أنه مرادف للنباهة والتفطن لما يدور حـول الفـرد مـن أمـور ومـا يقوم به من أعمال.

الذكاء في وجهة نظر علماء النفس:

إن علم النفس ينظر إلى الذكاء على أنه صفة يمتلكها كـل النـاس وأن الفكـرة القائلة إما أن يكون موجوداً أو غير موجود على الإطلاق عند الأفراد أمر مرفوض.

تعريف الذكاء:

لقد عرف علماء الـنفس الـذكاء بطـرق مختلفـة فمـنهم مـن عرفـه بنـاءً عـلى وظائفه أو طرقه التي يعمل به، كما عرفه آخرون من خلال الـتعلم، وبعضـهم مـن خلال التكيف للبيئة. لذا نتناول أهم هذه التعريفات:-

* الذكاء هو القدرة على التعلم (كلفن).

* الذكاء هو القدرة على إدراك العلاقات والمتعلقات (تشارلز سبيرمان).

* الذكاء هو القدرة على اكتساب الخبرة والإفادة منها (ديربورن).

* الذكاء هو القدرة الكلية للتصرف الهادف والتفكير المنطقي والتعامل الحسـن مـع البيئة (وكسلر).

*الذكاء هو القدرة على الفهم والابتكار والتوجيه الهادف للسلوك والنقد الذاتي (ألفرد بينيه).

* الذكاء قدرة مشتركة عامة تشترك في جميع العمليات العقلية المعرفية بنسب مختلفة متباينة، وهي تبدأ بالإدراك الحسي ـ وتنتهي بالتفكير المجرد وفهم واكتشاف العلاقات المعنوية (فؤاد السيد: 1974م).

* الذكاء نشاط عقلي يتميز بما يلي: الصعوبة، والتعقيد، والتجريد، والاقتصاد، والتكيف الهادف، والقيمة الاجتماعية، والابتكار، وتركيز الطاقة، ومقاومة الاندفاع العاطفي (ستودارد).

* الذكاء هو ما تقيسه اختبارات الذكاء (المفهوم الإجرائي للذكاء).

ـ كذا نلاحظ من التعريفات السابقة أنه لا يوجد أتفاق على تعريف واحد للذكاء ـ وأن كان هناك اجتماع على أهميته في التعلم والقدرة على التكيف وتأثيره بهما.

مفهوم الذكاء:

من مفاهيم الذكاء نتناول الآتي:

(1) المفهوم الفلسفي للذكاء:

إن المدارس الفلسفية جميعها تعتمد في دراستها لبحث العقل البشري على ملاحظة الفرد لنفسه وهو يفكر أو يتخيل أو يقوم بأي نشاط عقلي، ومن ثم تسجيل نتائج هذه التأملات، والفرد في هذه الحالة كونه مستقراً وهادئاً. هذه الطريقة تسمى بالتأمل الباطني أو الاستبطان Introspection. ونلاحظ في كثير من الأحيان أنها طريقة عاجزة وقاصرة في السمو بمناهجها إلى مستوى البحث العلمي والتجريب الجيد. ولذلك فإن علم النفس أوشك على التخلص منها في أبحاثه الحديثة.

لقد أدت التأملات بالفلاسفة ومنهم أفلاطون إلى تقسيم قوى العقل ونشاطه إلى ثلاثة أقسام هي:

أ-الإدراك: ويؤكد الناحية المعرفية لهذا النشاط.

ب- الانفعال: ويؤكد الناحية العاطفية .

ج- النزوع: ويؤكد الفعل أو الرغبة في الفعل والأداء. وقد تأثر مكدوغل بهذه التقسيمات في تحليله للسلوك الغريزي فقسم مظاهره إلى هذه الأقسام الأفلاطونية التي تؤكد الإدراك، الانفعال، والنزع (فؤاد البهي، 2000م). ويشبه أفلاطون قوى العقل بعربة يقودها سائق ماهر، ويجرها جوادان، ويمثل المظهر الإدراكي للعقل بذلك السائق الذي يمسك بالعنان ويقود العربة إلى غايتها المرجوة، ويمثل المظهر الانفعالي بالطاقة الحيوية لهذين الجوادين ويمثل المظهر النزوعي بانطلاقهما.

ويختلف أرسطو عن أفلاطون في تقسيمه لقوى العقل إلى قسمين رئيسيين الأول عقلي معرفي والثاني انفعالي مزاجي خلقي دينامي حركي.

وهكذا نرى أن أفلاطون في تقسيمه الثلاثي لقوى العقل يؤكد الناحية الإدراكية المعرفية، كما أن أرسطو أكد هذه الناحية في تقسيمه الثنائي لقوى العقل.

لم تتعد الفلسفة اليونانية القديمة المظهر الإدراكي للنشاط العقلي إلى مداه العام الذي يصل إلى مفهوم الذكاء إلى أن ظهر الفيلسوف الروماني سيسروا الذي عاش قبل الميلاد حيث لخص هذا النشاط العقلي في كلمة الذكاء.

(2) المفهوم البيولوجي للذكاء:

يرجع الفضل في إدخال مصطلح الذكاء في علم النفس الحديث إلى (هربرت سبنسر) وذلك في أواخر القرن التاسع عشر فقد حدد سبنسر الحياة بأنها التكيف المستمر للعلاقات الداخلية مع العلاقات الخارجية ويتم التكيف لدى

الحيوانات الدنيا بفضل الغرائز أما لدى الإنسان فإنه يتحقق بواسطة الـذكاء. وبهذا يرى سبنسر أن الوظيفـة الرئيسيـة للـذكاء هـي تمكـين الإنسـان مـن التكيـف الصحيح مع البيئة المعقدة والدائمة التغير. وبهذا الاتجاه ألحق سبنسر مفهوم الذكاء بنظرية التطور.

وقد أكد بينيه في أبحاثه التي نشرها في أواخر القرن الماضي أهميـة المفهـوم البيولوجي للذكاء حيث قسمه إلى نـوعين رئيسيـين يتلخص الأول في نشاط الـذكاء الذي يبدو في قدرة الفرد على التكيف، ويتلخص الثاني في مستوى الذكاء الـذي يبـدو في القوة التكيفية.

كما يمثل بياجيه تياراً مستقلاً هاماً في هذا الاتجاه الذي يفسر النشاط العقلي بصفة عامة في إطار مفهوم التكيف. فهو ينظر إلى الـذكاء في صـورة أبنيـة معرفيـة يسمح للأنواع الحيوانية وكذا للأفراد من النوع الواحد بالتكيف مع البيئة من خـلال عمليتي التمثل (وهو التغير الذي يطرأ على بعض جوانب البيئة)، والمواءمـة (وهـي عملية التغير الذي يصاحب الكائن العضوي نفسه).

ومن المؤيدين للتعريف البيولوجي للذكاء تشارلز وورت (1976م) الذي يعتـبر الذكاء صورة من التكيف البيولوجي لمطالب البيئة.

إن المفهوم البيولوجي للذكاء قد تأثر في بعض جوانبه بالمفاهيم الفلسفية وفي البعض الآخر بأبحاث علماء الحياة، كما أثر بدوره في المفاهيم والنظريـات المعاصرة التي تصدت لدراسة الذكاء بالأساليب التجريبية.

(3) المفهوم الفسيولوجي العصبي للذكاء:

يركز هذا المفهوم على تحديـد معنـى الـذكاء في إطار التكـوين الفيسـيولوجي العصبي للجهاز العصبي المركزي بشكل عام وللقشرة المخية بشكل خاص. ويركز هذا المفهوم على الجوانب التالية:

أ-علاقة الذكاء بعدد الخلايا العصبية:

هل يمكن أن تكون هناك علاقة بين الذكاء وعدد الخلايا العصبية؟ سؤال هـام واجه الباحثين والعلماء منذ القدم وقد دلت الدراسات المقارنة التي أجراها (بولتون) على ضعاف العقول والعقاديين، على أن خلايا القشرة المخية أنقص في عـددها وانقسامها وتشعبها وتناسقها عند ضعاف العقول عنها لدى العاديين. وهذا الضعف لا يـبدو فقط في القشـرة المخيـة بـل يتعدى ذلك إلى ضـعف في الخلايا الجلدية، والعظيمة والعضلية وكل النواحي التشريحية الأخرى.

ب-علاقة الذكاء بعدد الوصلات العصبية:

ذهبت ثورندايك في محاولته تفسير الـذكاء إلى أن ربطه بالوصلات العصبية التـي تصل بـين خلايـا المـخ وتؤلـف منـه شبكة متصلة وأليافاً مجتمعـة. ويقـرر "ثورندايك" أن الذكاء يعتمد في جوهره على عـدد تلك الوصلات العصبية والمـدى الذي وصلت إليه في تعقيدها، باعتبارها الموصل الدائم بين المثير والاستجابة أو بـين البيئة والتكيف. وعلى أساس عـدد هـذه الوصلات فرق ثورندايك بـين المسـتويات العقلية المختلفة. وإليك هذا الجدول الذي يوضح هذه الفكرة.

عدد الوصلات العصبية
التي تميز كل مستوى من مستويات الذكاء عند ثورندايك.

مستوى الذكاء	عدد الوصلات العصبية
العبقري	من 850.000 إلى 1.000.000
العادي	250.000
ضعيف العقل	80.000-25.000

ويرى فيصل محمد مكي (1988م) أن هذه الأعداد لا تدل بالطبع على نتائج تشريحية أو دراسات تجريبية إنما هي في الواقع لا تخرج عن كونها فروضاً يقررها "ثورندايك" ليوضح على أساسه فكرته عن مفهوم الذكاء. وتعد هـذه الفروض جزءاً أساسياً في النظرية الارتباطية "لثورندايك" عن التعلم والتي تفسر كل عملية تعلمية تفسيراً عصبياً فسيولوجياً يقوم في جوهره في تكوين تلك الـروابط أو الوصـلات التـي تنظم الخلايا العصبية في ألياف لها مسالكها التعليمية المختلفة.

(4) المفهوم الاجتماعي للذكاء:

حاول بعض العلماء الربط بين الذكاء وبعض العوامل التي تعتبر نتاجاً للتفاعـل الاجتماعي، أو مدى نجاح الفرد في المجتمع الذي يعيش فيه حيـث إن الإنسان لا يحيا في فراغ، بل يعيش في مجتمع يتفاعل معه، ويؤثر فيه ويتأثر بـه ولـذلك ربط بعض العلماء الناحية الاجتماعية بالذكاء.

حاول ثورندايك أن يؤكد المفهوم الاجتماعي من خلال تقسيمه للذكاء بين ثلاثة أنواع هي: -

أ-الذكاء المجرد: كما في القدرة على معالجة الألفاظ والرموز.

ب-الذكاء الميكانيكي: كما في المهارات الميكانيكية اليدوية.

ج-الذكاء الاجتماعي: كما في القدرة علـى التعامـل بفعاليـة مـع الآخرين ويتضمن القدرة على فهم الناس والتعامل معهم والتصرف في المواقف الاجتماعية.

ويرى "ثورندايك" أن الـذكاء الاجتماعي يتغير تبعاً للسـن والجـنس والمكانـة الاجتماعية فبعض الناس يتعاملون بكفاءة مع الراشدين بينما لا يستطيعون التعامل مع الأطفال، كما أن بعض الأفراد يجيدون القيام بـدور القيـادة في الجماعـات بينما يجد غيرهم الرضا والارتياح في ترك القيادة لغيره.

ويعد هذا التقسيم الثلاثي الذي أقره ثورندايك (1920) إرهاصاً لنظرية القدرات العقلية الأولية الطائفية التي أقرها ثيرستون بعد ذلك في أبحاثه التجريبية الإحصائية.

نظريات الذكاء Intelligence theories

اختلفت وجهات نظر علماء النفس في طبيعة الذكاء وهذا واضح في اختلافهم في تعريف الذكاء، ومن تعدد النظريات التي اقترحت طبيعته . وسوف نتناول هذه النظريات على النحول التالي:-

1-نظرية سبيرمان (Spearman):

افترض تشارل سبيرمان (1863-1945م) الإنجليزي في عام 1904م. إن الأنواع المختلفة من السلوك التي نسميها بالذكاء يكمن وراءها عام واحد هو الذكاء العام والذي يطلق عليه (ع أو G). والعامل العام يعني استعداد الفرد لتعلم أي موضوع، ويوجد هذا العامل بنسب متفاوتة بين الأفراد، ويقول سبيرمان أن الأفراد الأذكياء يمتازون بزيادة العامل العام وقد برهن على ذلك بأدلة كثيرة من بينها: ملاحظته أن الفرد الذي يتفوق في إحدى المجالات، يكشف عن استعداد التفوق في مجالات أخرى- وكذلك الارتباط الايجابي بين كل اختبارات القدرات العقلية.

بالإضافة إلى العامل العام للذكاء تحدث سبيرمان عن القدرات الخاصة أو العامل الخاص ويطلق عليها (خ أو S) كالقدرات اللفظية والبصرية والموسيقية والإدراكية والفنية...الخ- وهذا العامل الخاص يدل على الموهبة.

وقد وضع سبيرمان ثلاثة قوانين للمعرفة وهي تحدد المجال كله. القانون الأول يدور حول الفهم (Apprehension) الذي ينص على أن الشخص لديه قوة قد

تكون أكبر أو أقل لفهم الواقع الخارجي والحالات الداخلية للوعي وفي لغة أكثر حداثة.

القانون الثاني يدور حول استنتاج العلاقات (Correlation) فعندما يكون للشخص فكرتان أو أكثر، يكون لديه الميل لإدراك العلاقة بينهما، ومن ثم ننظر إلى كلمات مثل (مرتفع-منخفض، أسود، أبيض، نور، ظلام) يميل العقل إلى علاقة التضاد.

والعلاقة القائمة بين الروج الأحمر والوردة الحمراء علاقة تشابه . ويدور القانون الثالث حول استنتاج المتعلقات (Correlates) فعندما يكون لدى الشخص أية فكرة ترتبط بعلاقة، فيكون لديه القدرة على استحضار العنصر الارتباطي إلى الذهن، وهذا واضح في النماذج الآتية من اختبارات الذكاء وتسمى استخلاص العلاقات والمتعلقات:

- العلاقة بين القلب والدم كالعلاقة بين الصدر و ....
- العلاقة بين الذراع واليد كالعلاقة بين الساق و ....
- حبوب القمح بالنسبة للخبز مثل الأشجار بالنسبة لـ............

ويرى "سبيرمان" أن الفروق بين الناس في الذكاء تبدو في اختلاف قدرتهم على استنباط العلاقات والمتعلقات، فكلما استطاع الفرد استنباط علاقات أكثر تعقيداً وتجريداً كان مستوى ذكائه مرتفعاً.

2- نظرية ثرستون Thurstone:

استنتج ثيرستون أن اختبارات الذكاء لا تقيس قدرة عامة واحدة بل سبع قدرات عقلية أولية، ووجد كذلك أن هذه القدرات الأولية مستقلة بشكل نسبي عن بعضها البعض، وأن هذه القدرات متجمعة تؤثر في أي إنتاج عقلي، أي أن الذكاء

العام مركب يتألف من قدرات أولية تقاس عن طريق اختبار (القدرات العقلية الأولية) حيث يؤكد ثيرستون أن الشخص الذكي هو من تتوفر فيه هذه القدرات:

أ-القدرة العددية **Number (N)**:

وتتمثل في حل التلميذ المسائل الحسابية والعد تنازلياً وتصاعدياً وبسرعة.

ويتكون اختبارها من عدد من مسائل الجمع تحت كل منها حاصل جمعها، ويطلب من المفحوص أن يبين هل حاصل الجمع صواب أم خطأ.

ب-القدرة اللفظية **(Word Fluency)(W)**:

وهي القدرة على استحضار الكلمات بسرعة ونطقها نطقاً سليماً وهي غير القدرة على فه9م معاني الكلمات، لأن الفرد قد لا يعرف ألفاظاً كثيرة ولكنه يستطيع استخدامها بطلاقة. ومن أمثلة اختبار الطلاقة والقدرة اللفظية الآتي:

- ذكر أكبر عدد من الكلمات المرادفة لـ (جميل)
- ذكر أكبر عدد من الكلمات على وزن (منديل).
- تكوين أكبر عدد من الكلمات من أحرف كلمة واحدة مثل (ديمقراطية) ولهذه القدرة علاقة وثيقة بالإملاء والقافية الشعرية، والسجع النثري..إلخ. والطفل قد يفهم آلاف الألفاظ لكنه لا يستطيع أن يستخدم منها إلا عدداً قليلاً .

ج- التصور المكاني **Space (S)**:

والقدرة المكانية هي القدرة التي تعتمد على التخيل والربط، ومن أمثلة اختبارها تكوين شكل من عدد من القطع الصغيرة، وإدراك العلاقة بين الأجسام في الفراغ.

د-القدرة على فهم معاني الكلمات Verbal comprehension:

تظهر هذه القدرة في أساليب فهم القصص أو التعليق عليها وفي فهم أسئلة الامتحان. ومن الأمثلة على اختباراتها: أجد أقرب الكلمات معنى للكلمة الموضوعة بين قوسين من بين الكلمات الأربعة التي تليها- وتسمى مترادفات.

* (فارغ): قصير - طويل - سريع - كريم .

* (يتأنق): يعلم - غدة - يتضايق - يزين ملابسه.

* (ناعم): أملس - خشن - لامع - ساطع.

هـ- القدرة على الاستدلال (التفكير) Reasoning(R):

وهي القدرة على فهم المبادئ اللازمة لحل المشكلات. ويتكون اختبار هذه القدرة من سلسلة من الحروف الهجائية والمطلوب من المفحوص أن يدرس كل سلسلة على حدة ويستنتج النظام الذي تسير عليه، ويكملها بحرف واحد (تكتب للمفحوص الحروف الأبجدية مرتبة على ورقة الأسئلة).

و-السرعة الإدراكية Perceptual Speed (P):

وتظهر هذه القدرة في التعرف السريع من قبل التلميذ لأوجه الشبه والاختلاف بين عدة أشياء .

ز-القدرة على التذكر Memory (M):

وهي القدرة على استعادة الأحداث التي سبق معرفتها. والآن يمكن أن نوضح مفهوم الذكاء كما تصوره ثيرستون في الشكل التالي:

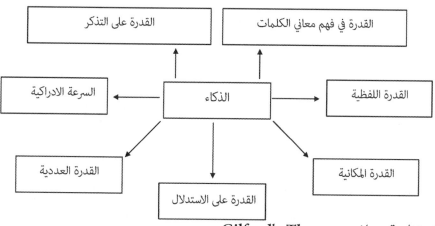

الذكاء كما تصوره ثيرستون

القدرة على التذكر

القدرة في فهم معاني الكلمات

السرعة الادراكية

الذكاء

القدرة اللفظية

القدرة العددية

القدرة على الاستدلال

القدرة المكانية

3- نظرية جيلفورد Gilford's Theory:

لقد قام جيلفورد (الرئيس الأسبق للجمعية الأمريكية لعلم النفس A.P.A) بمحاولة لتحديد العوامل المكونة للذكاء العام حيث توصل للقدرات الذكائية الموضحة في الشكل التالي:

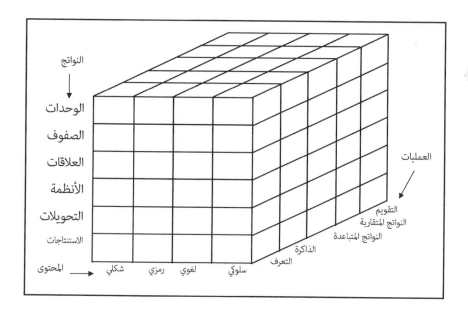

القدرات الذكائية عند جيلفورد:

إن الأوجه الثلاثة للمكعب توضح خمسة أنواع مختلفة من العمليات هي: _

- الإدراك Perception.
- التذكر Memory.
- التفكير المتشعب Ramified thinking.
- تفكير المركز Concentrated.
- التقييم Evaluation.

وتوضح كذلك ستة أنواع من النواتج Output وأربعة أنواع من المحتوى Content وتتفاعل هذه العوالم العقلية مع عوامل المحتوى ومكوناته الشكلية مما يعطينا 120 خلية (5×6×4) تحدد كل خلية منها عاملاً ذكائياً معيناً.

4-نظرية بياجيه Piaget's Theory:

يقول بياجيه نحن لا نرث الذكاء إنما نرث الوظائف، ويقسم الذكاء إلى قسمين هما:

أ-التراكيب : وهي الذكاء أو درجات الذكاء وهي من البيئة

ب-الوظائف: وهي مدى الذكاء الذي يرثه الفرد عن والديه. ولتوضيح ذلك نفترض أن طفلاً ورث من والديه مدى ذكاء 160 درجة ذكاء أي أن الحد الأعلى الذي يمكن أن يصل إليه الطفل من الذكاء هو 160 درجة ولكن وصول درجة ذكاء الطفل إلى 160 درجة أو أقل تقرره البيئة، فإذا كانت غنية بالمثيرات فسوف يصل الذكاء إلى 160 درجة ولكن مهما تكون درجة الغني بالمثيرات لن يصل الذكاء إلى أعلى من ذلك حسب نظرية بياجيه والعكس صحيح.

العمليات العقلية وقياس الذكاء:

إن الاهتمام بالذكاء بشكل عام والقدرات العقلية كمفاهيم جعل البحوث تدور حول الدراسات الارتباطية والتجريبية والوصفية بهدف الوصول إلى حقائق واضحة تفسر الأنشطة العقلية بصفة عامة والذكاء بشكل خاص. حيث ظهرت الاختبارات والمقاييس التالية:

* اختبار بنيه للذكاء:

أعد الفرد بينيه (1857-1911م) مع مساعدة (سيمون) قائمة بأهم جوانب النشاط العقلي التي يمكن أن يقاس الذكاء على ضوئها. وكانت كما يلي: الانتباه، الذاكرة ، التخيل ، الأحكام الخلقية والجمالية، التفكير المنطقي، القدرة على فهم الجمل . ووضعت عبارات لقياسها مرتبة وفقاً لصعوبتها وللتمييز بين الأطفال الأكبر والأصغر سناً، وثم اختبارها في إحدى مدارس الأطفال بباريس.

أدخل بينيه عدة تعديلات على اختباره وذلك في عامي (1908م) و(1911م) على الترتيب وهذا الاختبار يعتبر أول خطوة ساعدت في بناء الاختبارات العقلية المعاصرة.

ترجم اختبار بينيه إلى عدة لغات كان أهمها الانجليزية -حيث ترجمه لويس تيرمان عام 1916م ليناسب الأمريكيين، وكان في جامعة ستنانفورد التي أشرفت على هذا التطور ولذلك سمي الاختبار (اختبار ستانفورد-بينيه للذكاء).

* العمر العقلي **Mental age:**

استفاد بينيه من الفكرة القائلة بأنه عندما ينمو الجسم ويتطور (عمر الإنسان الزمني)، فإن العقل كذلك ينمو ويتطور، وهذا هو العمر العقلي Mental age (MA). ولذلك فإن الطفل الذي يتمكن من حل أسئلة في اختبار لقياس الذكاء، حتى مستوى

السابعة، إلا أنه يفشل في الرقي إلى عمر الثامنة- يقال أن العمر العقلي له هو السابعة.

وتكشف هـذه الوحـدة الجديدة الـذكاء العـادي كـما تكشـف عـن الغبـاء والعبقرية.فالطفل الغبي هو الذي يزيد عمره الزمني عـلى عمـره العقلي والطفل العادي هو الذي يساوي عمره العقلي عمـره الزمني، والطفل الممتاز هـو الـذي يزيد عمره العقلي عمره الزمني .

ومن هنا فإن العمر العقلي هو مستوى التطور الـذي وصل إليـه الـذكاء، كـما يقاس باختبارات الذكاء.

* العمر القاعدي وحساب الذكاء:

يحسب العمر العقلي للطفل عـن طريـق اختبـاره في أسـئلة الأعمار المتتاليـة حتى يجيب عن جميع الأسئلة إجابات صحيحة- وعندما يستطيع الإجابة صحيحاً على فقرات العمر المعنى، يسمى هذا بالعمر القاعدي BaseAge – ثم يسأل الطفل بعد ذلك عن اسئلة الأعمار التي تلي هذا العمر وتحسب الإجابة الصحيحة عن كل سؤال من أسئلة تلك الأعمال بشهر واحد وذلك إذا كانت الأعمار الخاصة بالأسئلة أقل من عمر خمس سنوات، وبشهرين إذا كانت الأعمال مساوية لخمس سنوات أو أكثر. وهذا يعني أن وزن كل فقرة للأعمار من عـم 2.6 إلى 4.6- شهر واحد. ووزن كل فقرة، للأعمار من 5 سنوات فما فوق هو شهران.

ويوضح الجـدول التـالي طريقـة حسـاب العمـر العقـلي بالنسـبة لإجابـة احـد الأطفال. حيث يدل الرمز(+) على نجاح الطالب في الإجابة عن السؤال، ويدل الرمز (-) على رسوب الطالب في الإجابة عن السؤال.

الأعمار بالسنة	1	2	3	4	5	6
5	+	+	+	+	+	+
6	+	-	+	+	+	+
7	+	-	-	+	+	-
8	+	-	-	-	+	-
9	-	-	-	-	-	-

إذن العمر القاعدي في هذه الحالة يكون مساوياً لـ 5 سنوات لأن الطفل أجاب عن جميع أسئلة هذا العمر بنجاح.

العمر العقلي= 5 سنوات +(2×5)+(2×3)+(2×2)+(2×2)

= 5 × 15 + 20 = 80 شهر

= 6 سنوات و 8 شهور.

أو

العمر العقلي = $\frac{\text{5 سنوات } +(2\times5)+(2\times3)+(2\times2)+(2\times2)}{12}$

= 5 سنوات + 20 شهر

= 6.8 سنة

* نسبة الذكاء **I.Q**:

تحسب نسبة الذكاء عادة عن طريق قسمة العمر العقلي على العمر الزمني

وضرب الناتج في مائة للتخلص من الكسور العشرية ويسمي ناتج هذه العملية بنسبة الذكاء.

$$\text{أي أن: نسبة الذكاء} = \frac{\text{العمر العقلي} \times 100}{\text{العمر الزمني}}$$

إن نسبة ذكاء الشخص المتوسط هو 100، ونسبة ذكاء الشخص الذكي أعلى من 100، ونسبة ذكاء الشخص الغبي أقل من 100.

أمثلة :

مثال (1): طفل عمره ست سنوات وثمانية شهور. كانت درجاته في اختبار ستانفورد بينية كما يلي:

درجات طفل عمره 6.8 على اختبار ستانفورد بينه

المستوى العمري	عدد الفقرات التي اجتازها بنجاح	درجات العمر العقلي
5 سنوات	أجاب عن كل الفقرات	5 سنوات
6 سنوات	أجاب عن 4 فقرات	4×2=8 شهور
7 سنوات	أجاب عن فقرة واحدة	1×2=2
8 سنوات	فشل في كل الفقرات	صفر
		5 سنوات×12شهر+10 شهور=70

إذن نسبة الذكاء = $\frac{70 \times 100}{80}$ =87 درجة وهي نسبة دون المتوسط

مثال (2) : طفل عمره أربع سنوات وشهرين، اجتاز الفقرات التالية في اختبار ستانفورد بينيه:

المستوى العمري	عدد الفقرات التي اجتازها بنجاح	درجات العمر العقلي
3 سنوات	أجاب كل الفقرات	3 سنوات =3 سنوات
4 سنوات	أجاب 5 فقرات	5×1=5 شهور
5 سنوات	أجاب 4 فقرات	4×2=8 شهور
6 سنوات	اجتاز فقرة	1×2=2 شهر
7 سنوات	فشل في كل الفقرات	صفر

$$\text{إذن نسبة الذكاء} = \frac{100 \times 51}{50} = 100 \text{ درجة}$$

وهذه نسبة المتوسط أي أن هذا الطفل متوسط الذكاء:

مثال(3) : طفل عمره ست سنوات اجتاز الفقرات التالية في اختبار ستانفورد بينيه للذكاء

المستوى العمري	عدد الفقرات التي اجتازها بنجاح	درجات العمر العقلي
5 سنوات	أجاب كل الفقرات	5 سنوات
6 سنوات	أجاب 5 فقرات	5×2=10 شهور
7 سنوات	أجاب 4 فقرات	4×2=8 شهور
8 سنوات	اجتاز فقرتين	1×2=2 شهر
9 سنوات	فشل في كل الفقرات	0×2= صفر

المطلوب :

هو حساب نسبة ذكاء هذا الطفل؟ العمر القاعدي=5 سنوات

العمر العقلي=5 × 12 + (5×2) + (4×2) + (1×2) + (صفر ×2)

$$= 60 + 20$$

$$= 80 \text{ شهر}$$

إذن نسبة الذكاء $= \dfrac{\text{العمر العقلي} \times 100}{\text{العمر الزمني}} = \dfrac{80 \times 100}{72} = 111$ درجة

جدول تفسير معاملات الذكاء
على اختبار ستانفورد بينيه للذكاء

النسبة المئوية للأفراد	الوصف اللفظي	نسبة الذكاء
%3	متخلف عقلياً	أقل من 70 درجة
%6	حالات هامشية	70-79
%15	متوسط منخفض	80-89
%46	متوسط	90-109
%18	متوسط مرتفع	110-119
%11	متفوق	120-139
%1	متفوق جداً	140 فما فوق

نلاحظ أن بينه قد شدد على الجزء النشط من الذكاء، والمتمثل في قيام الفرد بالمحاولات التي من شأنها أن تدله على الطريقة، ومن ثم العمل على الانتقاء من بين البدائل المتوفرة أمامه، وهنالك مزايا أساسية لعمليات التفكير قد لاقت اهتمامه منها:

- ميل الفرد إلى أخذ اتجاه محدد دون أن يكون في ذلك مجال للتشتت أو الانحصار في مجال ضيق.

- القدرة على تطويع الوسائل لخدمة الغايات.

- القدرة على النقد الذاتي وعدم الرضا لأي حل جزئي لا يوصل إلى الحل النهائي (محمد جمل : 2001م).

جدول تفسير معاملات الذكاء بناء على المنجزات الاجتماعية للفرد

معامل الذكاء	الانجازات التي يمكن القيام بها وإتمامها بنجاح
130	متوسط ذكاء الأفراد الذي يستطيعون إحراز الدكتوراه.
120	متوسط ذكاء خريجي الجامعات.
115	متوسط ذكاء الطلاب منسوبي الجامعات.
110	متوسط ذكاء طلبة المدارس الثانوية الذي أمامهم احتمال 50% لأن يتخرجوا من الجامعة بنجاح إذا التحقوا بها.
105	عندهم احتمالا 50% لإتمام الدراسة الثانوية بنجاح.
100	متوسط ذكاء جميع الناس
90	متوسط الأفراد القرويين في البيئات الفقيرة.
75	أمامهم فرصة 50% أن يصلوا إلى المرحلة الثانوية.
60	الراشد يقوم ببعض الأعمال اليدوية كالأثاث وجني الفاكهة.
50	الراشد يقوم بالأعمال المنزلية.
40	الراشد يستطيع تمشيط الحديقة والقيام بعمل غسل الملابس

* نقد اختبار بينيه:

تتمثل الانتقادات التي وجهت إلى اختبار بينيه في الآتي:

- لا يصلح الاختبار لقياس ذكاء الراشدين .

- لا يصلح اختبار بينيه لقياس ذكاء الأطفال الصغار الذين هم في عمر أقل من 2.6 سنوات، حيث تقاس نسبة ذكاء هؤلاء الأطفال عن طريق مقياس جيزل

Gesell لقياس نسبة النمو لقياس ذكاء الأطفال في الأعمار من (4) أسابيع إلى (60) أسبوعاً.

كلما زاد عمر الفرد اقترب العمر القاعدي من نهاية الاختبار الـذي ينتهي بالنسبة للفرد العادي عند عمر 15 سنة، وبذلك تقل كفاءة هذا الاختبار وفقاً لزيادة عمر الطفل ومدى اقتراب هذا العمر من نهاية الاختبار.

يعتمد هذا الاختبار كما الاختبارات الأخرى على كـرة الأعمار العقليـة، في أنهـا جميعاً اختبارات للنمو العقلي أكثر من أنها اختبارات للذكاء.

مقاييس وكسلر للذكاء Wechsler Intelligence:

تعتبر مقاييس وكسلر للذكاء من المقاييس العقلية المستخدمة في مجال التربيـة وعلم النفس، وظهرت هذه المقاييس نتيجـة للانتقـادات التي وجهت إلى مقيـاس ستانفورد – بينيه للذكاء من حيث الأسس النظرية التي بنى عليها، ومن حيث دلالة صدقه وثباته ولذلك ظهرت مقاييس وكسلر المعروفة للذكاء وهي:

* مقياس وكسلر لذكاء الكبار Wechsler Adult Intelligence Scale (WAISC)

* مقياس وكسلر لذكاء الأطفال

Wechsler Intelligence Scale for Children(WISC)

8 مقياس وكسلر لذكاء الأطفال في مرحلة ما قبل المدرسة (WPPSI).

Wechsler Pre-school and Primary Scale of Intelligence

تبدو الإضافة الجديدة في مقاييس وكسلر حصول المفحوص على ثلاث نسب ذكاء الأولى هي نسبة الذكاء اللفظي ، والثانية نسبة الذكاء الأدائي، والثالثة نسبة الذكاء الكلي، وتتشابه مقاييس وكسلر للذكاء من حيث أساسها النظري وتنظيمها وأقسامها وإجراءات التطبيق والتصحيح- وهناك بعض الاختلافات البسيطة تتمثل

في تسمية بعض الاختبارات الفرعية في الجانب اللفظي أو الأدائي للمقياس، والفئات العمرية التي تغطيها تلك المقاييس.

يصلح مقياس وكسلر لقياس ذكاء الكبار (WAIS) للفئات العمرية مـن (16-64) سنة، بينما يصلح مقياس وكسلر لقياس ذكاء الأطفال (WISC) للفئات العمرية من (6-17) سنة . أما مقياس وكسلر لقياس ذكاء الأطفال في مرحلة ما قبـل المدرسـة فيصلح للفئات العمرية من (4-6.5) سنة. عند تطبيـق هـذا المقياس نحصـل علـى ثلاثة نسب للذكاء متوسطها 100 وانحرافها المعياري 15، هي نسبة مقاييس وكسلر للذكاء من المقاييس الفردية المقننة حيث يستغرق الوقت اللازم لتطبيقها مـن 50-75 دقيقة (فاروق الروسان:1999م).

* وصف مقياس وكسلر لذكاء الكبار (WAIS) :

نشر هذا الاختبار في عام 1955م ويتكون من جزئين يحتويان عـلى احـد عشرـ اختباراً فرعياً، ستة منها لفظية والخمسة الأخرى عملية، ولا يتضمن المقيـاس إلى أي اختبارات بديلة- وتقدم الاختبارات حسب الترتيب التالي:

أ-القسم اللفظي:

ويشمل الاختبارات الفرعية التالية:

- اختبار المعلومات Information test.
- اختبار الاستيعاب Comprehension test
- اختبار الحساب Arithmetic test
- اختبار التشابهات Similarities test
- اختبار إعادة الأرقام Digit Span test
- اختبار المفردات Vocabulary test

ب-القسم الأدائي:

ويتضمن الاختبارات الفرعية الخمسة التالية:

-اختبار الترميز Digit Symbol, Coding.

-اختبار تكميل الصور Picture completion test.

-اختبار تصميم المكعبات Belook Design test.

-اختبار ترتيب الصور Picture Arrangement test.

-اختبار تجميع الأشياء Object Assembly.

* وصف لمقياس وكسلر لذكاء الأطفال (WISC):

يتألف هذا المقياس من 326 فقرة موزعة على القسم اللفظي والقسم الأدائي ويشتمل المقياس اللفظي على الاختبارات الفرعية التالية:

-المعلومات العاملة General Information.

- الفهم Comprehension.

- الاستدلال الحسابي Arithmetic test.

- المتشابهات Similarities.

-المفردات Vocabulary.

- السعة الرقمية (مدى إعادة الأرقام).

* تفسير الأداء على مقاييس وكسلر:

يتم تحليل الدرجات التي يحصل عليها الفرد بناءً على الدرجة العامة والدرجات الفرعية التي يحصل عليها. حيث تعطي الدرجة العامة تصوراً عن المستوى العام لذكاء الفرد. ومن المتوقع أن يكون هناك اختلافات في الدرجات بين الجانب الأدائي والجانب اللفظي.

وقد تفسر الدرجات العالية في الجانب الأدائي بضعف تأثير المثيرات البيئية مقارنة بما يمكن للفرد أن يتعلمه، بينما يمكن تفسير الدرجات العالية في الجانب اللفظي مقارنة بالجانب الأدائي إلى فعالية العوامل البيئية وتأثيرها على الفرد وما يتعلمه.

ويرى كرونباخ (Cronbach:1984) أن تلك الفروق ترجع في الغالب إلى نمو غير عادي، أو رد فعل تجاه الاختبار. ومع ذلك يرى ضرورة النظر إلى الاختبار في الجانبين على أنه يقيس قدرات متداخلة وليس قياس القدرة ذاتها بطريقتين مختلفتين.

وتفسر نتائج الأداء على اختبار وكسلر وفقاً للجدول التالي والذي يوضح التصنيف الذي طور في البيئة الأمريكية بغرض هذا المقياس.

الدرجة المعيارية	الوصف اللفظي	الدرجة الفرعية
69 فأقل	تحت المعدل المتدني للأداء	3 فأقل
84-70	معدل متدني للأداء	6-4
115-85	ضمن معدل الأداء	13-7
130-116	معدل عال للأداء	16-14
131 فأعلى	فوق المعدل العالي للأداء	17 فأعلى

تقنين اختبارات الذكاء في البيئة المحلية:

نظراً لأهمية اختبارات الذكاء وما يمكن أن تسهم به من معلومات تساعد في التعرف على المشكلات التي يعاني منها بعض المتعلمين، وبما أن نتائج هذه الاختبارات تكون الأساس لبرامج الإرشاد والعلاج النفسي- والتربوي، لا بد من بذل قصارى الجهد في البلاد العربية والإسلامية التي لها ثقافتها الخاصة والتي

تخالف ثقافة منشأ اختبارات الذكاء، وذلك لتقنين اختبارات للذكاء تكون أكثر ملائمة لثقافة هذه الدول. وقد درجت معظم البلاد العربية والإسلامية في تقنين هذه الاختبارات وذلك بعد ترجمتها فقد قنن هذا الاختبار ليلاءم البيئة السودانية على يد البروفيسور عمر هارون الخليفة- أستاذ علم النفس بجامعة الخرطوم.

* العوامل المؤثرة في الذكاء:

هنالك عدد من العوامل تؤثر في ذكاء الفرد نتناول أهم هذه العوامل.

1-الذكاء والوراثة:

إن أنصار الوراثة يعتمدون في دراساتهم على مقارنة التوائم المتطابقة Hon zygotic twins، والتوائم غير المتطابقة Dizygotic twins. فالتوائم المتطابقة تنتج من خلية واحدة ولها التركيب الوراثي ذاته بينما تنتج التوائم غير المتطابقة من بويضتين مخصبتين ومن الناحية الوراثية فإنهما لا يتشابهان بدرجة أكثر من أخوين مولودين في أوقات مختلفة.

إن الدراسات التي جرت على التوائم المتطابقة أوضحت ما للوراثة من أثر في ذكاء الفرد. ففي إحدى الدراسات وجد أن معامل الإرتباط بين ذكاء أبناء العمومة وأولاد الخال الأقربين كان في حدود (0.29) بينما وصل إلى (0.91) في حالة التوائم المتطابقة .

معامل الارتباط بين نسب ذكاء كل من التوائم والأخوة.

النوع	عدد الدراسات	معامل الارتباط
التوائم المتطابقة	34	0.86
التوائم غير المتطابقة	41	0.60
الأخوة العاديون	68	0.47

2- الذكاء والبيئة

عندما يربي التوائم المتطابقة بعيدين عن بعضهم بعضاً فمن المحتمل أن يصل الفرق بين ذكائهم إلى عشر وحدات معامل ذكاء. وهذا يعني أنه على الرغم من أن التوائم المتطابقة يبدأون ذكاءهم بنفس المستوى عند الولادة، إلا أنهم قد يختلفون في ذلك عندما يكبرون نتيجة التأثيرات البيئية. فالشكل أعلاه يوضح تأثير البيئة على مستوى نمو الشجرتين فنجد أن الشجرة المثمرة توجد بالبيئة الجيدة، أما الأخرى فهي قليلة الثمار نظراً للبيئة الفقيرة. كذلك فإن البيئة الغنية بالمثيرات تعزز النمو الذكائي بخلاف البيئة الفقيرة بالمثيرات.

ويمكن أن نتناول تأثير البيئة على الذكاء في ضوء البراهين التالية:

-ترتيب الميلاد.

-الفقر ونسبة الذكاء.

-الريف ونسبة الذكاء.

ترتيب الولادة.

قد قام كل من ليليان بلموند، وفرانسيس مارولا عام 1972م بدراسة نتائج اختبارات الذكاء، والتي طبقت على حوالي (400.000) ذكر هولندي، ممن بلغ متوسط أعمارهم 19 سنة. وظهر من هذه الدراسة أن المولود الأول يحصل على درجات مرتفعة على اختبار الذكاء. كما اتضح أن نسبة الذكاء تنخفض في علاقتها برتبة الميلاد في الأسرة، أي أن الطفل الثاني يحصل على درجات مرتفعة في الذكاء عن الطفل الثالث، ويحصل الأخير على درجات ذكاء مرتفعة عن الطفل الرابع..الخ.

الفقر ونسبة الذكاء:

بينت دراسات أمريكية عديدة انخفاض نسب ذكاء الأطفال والراشدين من أسر فقيرة بعشرين أو ثلاثين نقطة بالنسبة إلى المنحدرين من طبقات متوسطة أو

غنية، وهذه نتيجة عامة ولا تنطبق على كل حالة فردية بطبيعة الحال. وقد فسرت هذه الفروق بعوامل بيئية وأخرى وراثية.

الريف ونسبة الذكاء:

لقد وجدت أن درجات أطفال الريف تقل عن درجات أطفال المدن في فحوص الذكاء. فقد وجد أثناء اختبار معايير لمقياس ستانفورد-بينيه للذكاء، على سبيل المثال، أن أطفال القرى من سن (6-18) سنة كان معدل ذكائهم يقل 10 وحدات عن معدل ذكاء أبناء المدن من السن نفسها والسبب في ذلك يتمثل في كون بيئة المدينة أكثر إثارة فيما يتعلق بالجوانب المدرسية وغيرها، كما يمكن أن يكون لها تأثير مباشر في الذكاء (يوسف قطامي وعبد الرحمن عدس : 2002م).

نستنتج من هذه الدراسات أن الذكاء لا يمكن أن يتحدد بالكامل عن طريق الوراثة أو البيئة. والقول الأمثل هو أن الذكاء يتأثر في جانب منه بالصفات البيولوجية الموروثة للفرد، كما يتأثر بالعامل البيئية عن طريق التفاعل الاجتماعي والتنشئة الاجتماعية، وما ينشأ من تفاعل بين التأثيرين، ولكننا لا نستطيع تحديد الدرجة الذكائية التي أسهمت بها الوراثة، أو الدرجة الذكائية التي أسهمت بها البيئة. وهذا يشبه اشتراك عالمين في تأليف كتاب في علم النفس. فإننا لا نستطيع تحديد أي الأفكار التي أسهم بها أحدهما وأيها أسهم بها الآخر.

*التخلف العقلي حسب درجة الانخفاض في الذكاء:

يصنف الأطفال نقل درجة ذكائهم عن المتوسط إلى الأقسام التالية:

1-المعتوه:

هذا الطفل على أقل درجة من الذكاء حيث لا يستطيع الكلام والتعبير عن نفسه وفهم ما يقوله الآخرون.

يقوم بينية Binet وسيمون Simon في مقالهما عن ذكاء المعتوه (إننا نسمي معتوهاً Idiot كل طفل لا يستطيع الاتصال بالآخرين عن طريق الكلام، ولا يستطيع فهم أفكار الآخرين المعبر عنه بالكلام وذلك بسبب من الضعف العقلي وحده)، هؤلاء الأطفال لا يستفيدون من أي نظام مدرسي ومستوى ذكائهم (25) درجة.

2- الأبله:

الأبلة لا يستطيع تعلم بعض الكلام وبعض العادات وهو على درجة من الضعف العقلي لا تسمح له بمواصلة الدراسة.

درجة ذكاء الأبلة بين (25-50) درجة . يقول (بينه وسيمون) عن الأبلة (إنه لا يستطيع التعبير عن نفسه بالكتابة ولا يستطيع فهم ما يقرأ وذلك بسبب الضعف العقلي وحده).

3-المأفون **Moron**

مستوى ذكاء المأفون بين (50-75) درجة. وأن ضعفه العقلي ظاهر لكنه يستطيع أن يتعلم، وأن يتكيف مع ظروف الحياة، وأن يعيش معتمداً على نفسه وجهده مع بعض الحاجة إلى الرعاية، يستفيد المأفون من الدراسة وفي أغلب الأحيان تخصص لهم فصولاً خاصة.

4-البليد **Dull**:

مستوى ذكاء البليد بين (75-85) درجة. يستطيع أن يتعلم بل ينافس الطفل متوسط الذكاء، في الأداء لكنه لا يستطيع التفوق أو النجاح بسهولة في كثير من المواد الدراسية التي تتطلب درجة من التجريد تعلو عن المتوسط، ونرى أن يكون البليد في صف خاص.

5-البليد السوي Normal Dull:

يشير هذا التخلف إلى الطفل الذي يقع في الحدود الدنيا من المتوسط في الذكاء بين (85-90) درجة ذكاء وأن البليد السوي كثير ما يظهر ضعفاً في بعض المواد الدراسية التي تحتاج إلى تجريد عال. فإذا أتم الدراسة الابتدائية أو الإعدادية فإن رسوبه كثيراً ما يتكرر وكثيراً ما يكون نجاحه بصعوبة . وخاصة إذا وصل مرحلة الدراسة الثانوية.

*علاقة الذكاء بالتفوق الأكاديمي:

التفوق الأكاديمي هو الأداء الأكاديمي الذي يتصف بالتميز في شتى الجوانب المعرفية والنفسحركية.

إن التفوق الأكاديمي يرتبط بدرجات الذكاء العالية وبخصائص شخصية، وسلوكية، وبقدرات ومهارات آلية وحركية وصفات قيادية وبخصائص مرتبطة بالخلفية الأسرية (يوسف قطامي، وصالحة عيسان: 1994م).

حدد (Mcleod and Cropley: 1989): خصائص التلميذ ذو الأداء الأكاديمي المميز في الآتي:

- السرعة في التعلم.
- المهارة في تطبيق المعرفة المتوافرة لديه.
- التعطش للمعارف الجديدة وحب الاستطلاع.
- الإعجاب للأفكار الجديدة.
- قلة الزمن المستغرق في استرجاع المعلومات من جهاز الذاكرة.

إن التفوق الدراسي يرتبط بالاستعداد الذهني للمتعلم، كما يرتبط بنسبة الذكاء بدرجة قد تصل إلى معامل ارتباط مقداره (0.70).

الفروق الفردية Individual Differences

* مفهوم الفروق الفردية :

لعلنا ندرك جميعاً أن البشر يختلفون عن بعضهم البعض في جوانب عديدة منها سرعة الانطواء Introversion، ومن يغلب عليه الانبساط Extroversion، ومنهم من يتعلم بسرعة ومن هو بطئ في تعلمه. كما يختلف الناس في درجة الانفعال، فبعض الناس سريع التأثر وعميق الانفعالات والبعض الآخر بخلاف ذلك.

وهذا يعني أن لكل فرد شخصيته الفريدة والخاصة التي لا يعادله فيها أحد وهذه الفردية هي التي تنعكس في سلوكه وتكفيره وانفعالاته وتفاعله مع غيره.

وصف القرآن الكريم للفروق الفردية:

لقد وجه الله سبحانه وتعالى الإنسان لأن يأخذ هذه الفروق في الاعتبار كما جاء في الآيات التالية:

* قال تعالى : (ورفعنا بعضهم فوق بعضٍ درجات ليتخذ بعضهم بعضا سخريا) [الزخرف: 32].

* وقال تعالى: (ورفع بعضكم فوق بعض درجات ليبلوكم في ما آتاكم) [الأنعام: 165]

* وقال تعالى: (قل هل يستوي الذين يعلمون والذين لا يعلمون)[الزمر: 9].

ففي هذه الآيات يشير الله تعالى إلى الفروق التي أودعها في خلقه حتى ليبلوهم وليختبر إيمانهم.

كما تحدث الفلاسفة من قبل عن الفروق بين الأفراد في شتى الخصال. حيث يرى الغزالي في إشارة إلى المربين ألا يتعاملوا بنمط واحد في التربية ولا يعامل الغلمان جميعاً معاملة واحدة في التهذيب بل يعامل كل منهم حسب مزاجه ويراعى استعداد كل طفل [إحياء علوم الدين].

ويقول ابن سينا: "ليس كل صناعة يرجوها الصبي ممكنة له مواتية ولكن ما شاكل طبعه وناسبه" . [السياسة لابن سينا].

كما اهتم أفلاطون أبو الفلسفة الغربية بوضع كل فرد في جمهوريته المثالية في وضع يناسبه ويلائمه. ويذكر في الجزء الثاني من كتابه الجمهورية أنه لم يولد اثنان متشابهين بل يختلف كل فرد عن الآخر في المواهب الطبيعية فيصلح أحدهما لعلم بينما يصلح الثاني لعمل آخر.

لقد واجه علماء النفس في دراسة الفروق عدداً من الأسئلة منها:

السؤال الأول: هل الفروق الفردية كمية أم نوعية ؟

فإذا كانت هذه الفروق كمية تعني أن جميع السمات أو القدرات (الاستعداد) متوفرة لدى كل فرد والفرق يكون فقد في مقدار ما يحمله الفرد من هذه السمة أو القدرة. وإذا كانت هذه الفروق نوعية تعني أن الفرق بين اثنين ينحصر في أن أحدهما يمتلك سمات، أو قدرات، أو استعدادات لا تتوافر البتة في الآخر.

ومن المعلوم أن انعدام السمة أو القدرة "الاستعداد" بشكل كامل لدى الفرد أمر مستحيل، وأن الصفر في نتائج المقاييس والاختبارات التي تقيس هذه الجوانب هو صفر اعتباطي، غير حقيقي. حيث لا يمكن أن نقول درجة ذكائه صفر، وتحصيله في الرياضيات مثلاً صفراً وهكذا . وعادة ما تحول هذه الدرجة الصفرية إلى درجة معيارية.

السؤال الثاني: هل تنتظم السمات أو القدرات في توزيعها بين مختلف الناس في إطار عام؟ وهل نستطيع اكتشاف هيئته العامة ومعالمه الجزئية، أم أنها موزعة بين الناس توزيعاً عشوائياً دون أن تتجمع في نسق معين؟

إن الفروق الفردية هي فروق كمية، حيث إننا لا نستطيع تقسيم الناس إلى "من يمتلك" و"من لا يمتلك" السمة، أو القدرة مثلاً. إن امتلاك الأفراد لهذه السمات أو

القدرات تكون على شكل مقياس متصل اتصالاً تاماً بحيث لا نستطيع تحديد أي بداية أو نهاية تحديداً قاطعاً، كما لا نستطيع تقسيم هذا المتصل إلى فترات منفصلة عن بعضها البعض بشكل واضح.

تعريف الفروق الفردية:

الفروق الفردية في معناها العام تعني اختلاف الأفراد فيما بينهم في بعض الخصائص.

* ولكن من الناحية السيكولوجية: الفروق الفردية هي انحرافات الأفراد عن المتوسط الجماعي العام في الصفات المختلفة وأن مدى هذه الفروق قد تكون كبيراً أو صغيراً (محمد الريماوي: 1994م).
* الفروق الفردية هي الدراسة العلمية لمدى الاختلاف بين الأفراد في صفة مشتركة بينهم.

أسباب الفروق الفردية "الفروق في الدرجة":

ترجع الفروق في الدرجة بين الأفراد إلى أربعة عوامل هي:

- الوراثة Heredity: وهذا يعني أن الأفراد يتأثرون بالجانب المورث من الجينات ويظهر هذا الأثر في لون البشرة، وطول الفرد، ومستوى ذكاه وقدراته العقلية وطباعه وميوله.
- البيئة Environment: تتكون البيئة من المنظور السيكولوجي، من المجموع الكلي للمؤثرات التي يتعرض لها الفرد في البيئة التي يعيش فيها منذ لحظة الإخصاب إلى نهاية حياته.

ففي بيئة ما قبل الولادة يتأثر الجنين باستخدام الأم للعقاقير والتدخين والكحول وتعرضها للانفعالات الحادة والأمراض المعدية.

فالأمهات اللائي يتعاطين الهيروين يلدن أطفالاً مدمنين وانطوائيين، أما اللواتي يدخن فيلدن أطفالاً أقل وزناً، وأكثر قابلية للإصابة بالأمراض. كذلك إن تعاطي الأم كمية زائدة من فيتامين D يؤدي إلى عدم ترسب الكالسيوم في العظام مما يؤدي بدوره إلى حدوث تشوهات (محمد الريماوي: 1994م).

أما بعد الولادة فيتأثر الطفل بالمؤسسات الاجتماعية كالأسرة والمدرسة والمساجد والمؤسسات الدينية الأخرى.

-العمر الزمني Chronological age: يختلف الأفراد في السماء والقدرات العقلية باختلاف أعمارهم، ولذلك يعتبر العمر الزمني مسئولاً عن بعض الفروق بين الأفراد.

-النوع Sex: إن الفروق الفردية تتأثر بالنوع (الإناث، الذكور). وهناك روق جسيمة واضحة بين البنين والبنات، وفروقاً في الخصائص الانفعالية والعقلية. وترجع الفروق الفردية في السلوك بين الجنسين إلى عوامل بيولوجية وأخرى اجتماعية.

لقد أشارت نتائج البحوث النفسية في ميدان الفروق إلى زيادة النمو العقلي عند الإناث عنه عند الذكور حتى المراهقة، ثم يزداد نمو الذكور عن الإناث خلال فترة المراهقة. ويختلف المدى القائم في الفروق العقلية وفقاً لاختلاف الجنس. فيزداد عند الذكور ويقل عند الإناث. أي ان الفروق العقلية عند الذكور أوسع وأكبر منها عند الإناث، ولذا تزداد نسبة العباقرة وضعاف العقول عند الذكور عنها عند الإناث (فؤاد السيد: 2000م).

وقد أشارت نتائج بعض البحوث على اختلاف الذكور والإناث في بعض القدرات العقلية فأشارت إلى تفوق الذكور على الإناث في النواحي اليدوية والميكانيكية، وفي التفكير الرياضي والفيزيائي، وتتفوق الإناث عن الذكور في القدرات اللغوية.

مظاهر الفروق الفردية:

للفروق الفردية مظاهر عديدة وأهمها:

1.الفروق داخل الفرد نفسه: وهي الفروق في سلوك الفرد الواحد في مراحل نموه المختلفة. فالتلميذ مثلاً يمر بمختلف التغيرات الجسمية والنفسية والعقلية والاجتماعية واللغوية عبر مراحله التعليمية بل وخلال فترات حياته.

كما أن التلميذ الواحد لا تتساوى عنده جميع القدرات، فليس كل قدراته العقلية وسماته الانفعالية متساوية. فنجده يحرز درجات عالية في كل اختبار لمادة اللغة العربية بينما يحرز درجات منخفضة لكل اختبار في مادة الرياضيات مثلاً وكذلك الحال للسمات الانفعالية.

2. الفروق في السلوك بين الأفراد: كل معلم يستطيع أن يلاحظ الفروق في السلوك الصفي بين تلاميذه وطلابه في كل مؤسسة من المؤسسات التعليمية. وهذه الفروق تشمل الجوانب التالية:

أ.الفروق في النواحي الجسمية Physical differences: ويقصد بهذه الفروق عدم التماثل في جوانب النمو الجسمي المختلفة، كاختلاف التلاميذ عن بعضهم في الطول، والحجم، ولون البشرة مما ينعكس أثر ذلك في أدائهم للأعمال التعليمية وغيرها.

ب.الفروق في السمات العقلية Cognitive differences : فنجد من التلاميذ من هو ذكي جداً ومن هو متوسط ذكائه كما نجد منهم في مستوى من الذكاء دون المتوسط ومنهم الغبي الذي لا يستطيع مواصلة تعليمه إلى المراحل الدراسية العليا فقط لسبب الضعف العقلي.

ج.الفروق في سمات التنظيم الانفعالي والمزاجي Emotional differences: وهذه السمات تشمل مجموعة الميول والدوافع والاتجاهات والاهتمامات والتي تؤثر في أسلوب تعامل التلميذ مع الآخرين من حوله – فهناك مثلاً من

التلاميذ من هو انبساطي ومنبسط اجتماعي ويحب التواجد وسـط غـيره مـن التلاميذ، ومنهم من هو انطوائي منطو ومنعزل عن غيره.

د.الفروق في السمات الثقافية Cultural differences: الثقافة تشتمل العـادات والتقاليد والقيم والأعراف والآداب والفنون والعلـوم التي يكتسـبها التلميـذ داخل المجتمع عن طريق التعلم الاجتماعي. وهـذه الثقافـة سـواء كانت عمومية أو خصوصية أو بديلة تؤثر في مستوى ومـدى الفـروق الفرديـة بـين التلاميذ.

هـفـروق جماعيـة بـين الشعوب والأمـم Group Social differences وهـذه الفـروق تشـير إلى الاخـتلاف في الخصـائص والمميـزات الخاصـة بالجماعـات بعضها عن بعض. وقد أثبتت الدراسـات المقارنـة إن هنـاك روقـاً في جوانب عديدة بين الجماعات والمجتمعات المختلفة.

* ما يستفيده المعلم من دراسته للفروق الفردية:

إن إلمام المعلم بظاهرة الفروق الفردية له فوائد عديدة منها:

- تساعد معرفته للفروق الفردية على انتقاء طرق التدريس التي تلائـم مسـتويات تلاميذه داخل الصف.

- تساعد المعلم في توجيهه للطلاب توجيهاً تعليمياً مناسباً واختيار التخصـص الأكاديمي الذي يناسب مستوى قدراتهم.

- تساعده في تفريد المناهج بما يتناسب والقدرات المتباينة للتلاميذ.

- تساعده في تقديم الكثير مـن البرامج والأنشـطة والواجبـات الدراسـية الإضافية والتي تتلاءم مع المستويات المتباينة في قدرات التلاميذ.

- تساعد المعلم في أن يراعي الحاجات المختلفة للتلاميذ والتعامل بشكل علمي مع السلوك الصفي المتباين.

* مراعاة الفروق الفردية بين التلاميذ:

حتى يستطيع المعلم التعامل بشكل علمي ودقيق مع الفروق الفرديـة داخـل الصف وحتى يصل بكافة مستويات التلاميذ إلى الأمور المنشودة عليه إتباع الجوانب التالية:

- إجراء مراجعة سريعة قبل الدخول في موضوع الدرس لجذب انتباه كل التلاميذ.

- تقديم مجموعة أمثلة متدرجة من السهل إلى الصعب لتناسب مختلف القدرات العقلية للتلاميذ داخل الصف.

- تنويع استخدام المواد والوسائل التدريسية واستثمار أكبر قدر ممكن مـن حـواس التلاميذ.

- تقسيم التلاميذ إلى مجموعات صغيرة وتعزيز التعلم التعاوني.

- تقديم أنشطة تدريبية عديدة ومختلفة لتتناسب مع التلاميذ الذين يحتاجون إلى جرعات إضافية حتى يتم التعلم.

- الاهتمام بتفعيل ممارسة الأنشطة مثل عمل اللوحات، المجلات، الإذاعة المدرسية، عروض مسرحية وغير ذلك.

- الاهتمام بالعمليات المعرفية مثل الشرح والتفسير والتحليـل والمقارنـة والتصـميم وتأليف القطع الإنشائية والقصص والرسم.

الفصل الثامن

النتائج المعرفية للتعلم

الفصل الثامن

النتائج المعرفية للتعلم

مقدمة:

التفكير:

يعد التفكير نشاطاً تنفرد به الكائنات البشرية عن بقية الكائنات الحية، فهو يمثل سلوكاً معقداً يمكن الإنسان من التعامل والسيطرة على المثيرات والمواقف المختلفة، كما يتم من خلاله اكتساب المعارف والخبرات وفهم طبيعة الأشياء وتفسيرها وحل المشكلات والاكتشاف والتخطيط واتخاذ القرارات. وينظر إلى التفكير على أنه عملية معرفية معقدة تتضمن معالجة المعلومات، وتقوم على استخدام الرموز والتصورات واللغة والمفاهيم "المادية والمجردة" بهدف الوصول إلى نواتج معينة. وبعد موضوع التفكير من المواضيع التربوية الهامة، إذ تبدو أهميته في كونه من الأهداف الرئيسية التي تسعى العملية التعلمية –التعليمية إلى تحقيقها لدى المتعلمين. فالتفكير موضوع ذو صلة مباشرة بحياة الأفراد والمجتمعات، ويسهم في مساعدة الأفراد على التكيف مع الأوضاع الراهنة والمستجدة ويعمل أيضاً على بقاء المجتمعات ونموها وتطورها. وبالرغم من أن التفكير يشير إلى الأنشطة الداخلية، إلا أن طبيعة الأنشطة التفكيرية تختلف من حيث نوعيتها وطبيعتها، فمنها ما هو بسيط ومباشر، ولا سيما تلك التي ترتبط بالأشياء المألوفة، ومنها أيضاً المعقدة كما هو الحال في حل مشكلة ما أو ابتكار حلول جديدة أو عمل الاستدلالات الربطية والمنطقية.

ويختلف الأفراد في أساليب التفكير وأنماطهم المعرفية، كما يتعدد النشاط التفكيري ليشمل أنواعاً عديدة مثل التفكير الابتكاري والنقدي وحل المشكلات.

هذا وسوف يتم في هذه الوحدة التعرف على الأنماط المعرفية في التفكير التي تميز الأفراد في تناولهم للموضوعات والمثيرات المختلفة.

تعريف التفكير:

يرجع الفضل في تحديد التفكير وتميزه عن العمليات العقلية الأخرى إلى جون ديوي والذي يعرف التفكير بأنه "النشاط العقلي الذي يرمي إلى حل مشكلة ما" ويذكر رداء محمود أبو علام إن التفكير هو أعلى أشكال النشاط العقلي لدى الإنسان، فهو العملي التي ينظم بها العقل خبراته بطريقة جديدة كحل مشكلة معينة أو إدراك علاقة جديدة بين أمرين أو عدة أمور ، والتفكير بذلك ينتمي إلى أعلى مستويات التنظيم المعرفي وهو مستوى إدراك العلاقات. وهنا يتفق جون ديوي وابو علام في تعريفهما للتفكير (رجاء أبو علام 1986، ص ص 316-317).

ويذكر سيد محمد خير الله، مجموعة من التعريفات التي تناولها العدد من كتب علم النفس حيث نجد بعضها متشابه إلى حد كبير وبعضها الآخر يتناول جوانب مختلفة لعملية التفكير. "التفكير هو عملية أخذ المعلومات التي يدركها الإنسان (وهذا ما يسمى بالمدخلات) ويمزجها مع تلك المعلومات التي يتذكرها ليكون منها تنظيمات أو تشكيلات جديدة بقصد الوصول إلى نتائج مرغوبة في المستقبل (وهذا ما يسمى بالمخرجات). على أساس هذا التعريف يمكن القول إن الخبرات الماضية لا تمثل في عملية التفكير إلا منزلة جزئية ، إذ يختال الفرد منها ما يناسب الموقف الجديد الطارئ عليه ثم يعيد تنظيمها في كل جديد ويوجه الكل الجديد نحو تحقق الغرض الذي يهدف إليه وهو التغلب على المشكلة التي يقابلها الفرد في هذا الموقف. (سيد محمد خير الله 1998، ص ص 255-256).

ومن ضمن التعريفات التي أوردها أيضاً (سيد محمد خير الله 1988) تعريف يوضح أن التفكير عبارة عن تجربة ذهنية تشمل كل نشاط عقلي يستخدم الرموز مثل الصور الذهنية والمعاني والألفاظ والأرقام والذكريات والإرشادات

والتعبيرات والإيماءات، التي تحل محل الأشياء والأشخاص والمواقف والأحداث المختلفة التي يفكر فيها الشخص بهدف فهم موضوع أو موقف معين.

ويفرق بين عدة أنواع من التفكير ولعل من أهم أنواع التفكير الآتي:

التفكير الملموس:

هذا النوع من التفكير يدور فقط حول المحسوسات ويتعامل مع الأشياء في طبيعتها الخاصة كما تظهر في مجال إدراك الإنسان الحسي والمثال على ذلك التفكير عند الأطفال .

التفكير المجرد:

يدور هذا النوع من التفكير حول مفاهيم مجردة مثل الديمقراطية أو الحرية أو الرأسمالية أو الاشتراكية هذه كلها أشياء غير محسوسة لا نستطيع أن نراها أو نسمعها أو نزنها وكل ما يقوم به الأفراد هو تحديد واستخلاص علاقات من الأشياء المحسوسة الموجودة في البيئة الخارجية واستخدام هذه العلاقات للوصول إلى تنظيمات أخرى لهه الأشياء.

التفكير العلمي :

ويقوم هذا التفكير على ثلاثة مكونات أساسية هي الفهم ويقصد به الربط وإدراك العلاقات بين الظواهر المراد تفسيرها وبين الأحداث التي تلازمها، يلي ذلك التنبؤ ويقصد به محاولة الوصول إلى علاقات جديدة ليس من السهل التحقق من وجودها فعلاً بناء على معلوماتنا الماضية وحدها. ثم أخيراً التحكم ويقصد به القدرة على ضبط الظروف التي تحدد حدوث الظاهرة بشكل يحقق لنا الوصول إلى هدف معين ويمكن أن يكون بالتحكم في الظاهرة وتعديلها أو تغييرها إن لزم الأمر.

التفكير الناقد:

وهو التمييز بـين الأفكـار السـلبية وغيرهـا ويشـمل هـذا النـوع مـن التفكير إخضاع المعلومات التي لدى الفرد لعملية تحليل وتمحيص لمعرفة مدى ملاءمتها لما لديه .

التفكير الابتكاري:

ويتميز هذا النوع من التفكير بالأفكار الجديدة والمبدعة وهي غالباً ما تكون أفكاراً تخرج عن الأفكار التي يتعارف عليها الناس في البيئة ويتميز صاحب هذا النوع من التفكير أيضاً بالإحساس الكبير بالمشكلات التي قد لا يشعر بها الغير مـن الناس والإبداع في استنباط الحلول الجديدة لمثل هذه المشكلات.

التفكير الخرافي:

في الغالب هذا النوع من التفكير يكون منحصراً في خيال صاحبه وهو نـوع من الأوهام الشخصية مثال ذلك أحلام اليقظة والأوهام المختلفة.

وعلى المعلم الاهتمام بتوضيح مثل هذه الأنماط المختلفة من التفكير والتركيـز على غرس الأفكار الجيدة في نفوس الطلبة وتدريبهم علـى التفكير النـاقد والتميز وكـذلك محاولة حثهم علـى الإبداع والتفوق المستمر ويذكر لهم العديد مـن الشخصيات التي أبدعت وتميزت بوجودها في نهضة مجتمعاتها العربية والإسلامية.

خصائص التفكير :

التفكير عبارة عـن نشـاط عقـلي إرادي يهـدف إلى تحقيـق شيء معـين وهـو عملية مضمرة غير ظاهرة ويمكن ملاحظة ذلك بانشغال الناس بعملية التفكير

المستمرة دون أن نسمع أصواتهم أو دون تحريك أيـديهم. وينطلـق التفكـير من الخبرات الحسية الحيـة للفـرد ولكنـه لا ينحصر- بهـا، فـالتفكير يحـدث أحيانـاً بمعالجة الرموز ذهنياً. ويرتبط التفكير ارتباطاً وثيقاً بما يواجهه الفرد مـن مشـكلات أثناء حياته اليومية فالعامل المحرك للتفكير هو وجـود مشـكلة تعـترض الفـرد مـن وقت لآخر وتتحدى إمكاناته العقلية.

وبما أن التفكير عملية عقلية أو نشاط عقلي فهو إذن كـل معقـد يتـألف مـن مجموعة من العمليات التي يتم فيهـا النشـاط الفكـري ، منهـا: التنظـيم والتجربـة والتعميم والتحليل ثم التركيب والاستدلال. فالاستنباط والاستقرار والتحليل والتذكر وأخيراً الحكم على الأشياء أي إصدار أحكام أو حلـول مـن شـأنها أن تكـون نهايـات لعملية التفكير فيما يتعلق بالمشكلة التي تعـترض الفـرد والتفكـير عمليـة مسـتمرة من النشاط تحدث أثناء معالجاتنا للأشياء وهو في أغلبه حديث نفسي مـع الـذات، فإننا حين نفكر نستخدم لغة صامتة على شكل حوار بـين المـرء ونفسـه يكـون مـن نتيجته إصدار أمر للنفس بإصدار حكم يكون عـلى شـكل حـل لمشـكلة مـا أو نقـد لفكرة قديمة أو نصيحة للشخص.. ولكن اللغة هي من أهم الرموز التي نسـتخدمها في عملية التفكير وتبرز أهمية اللغة بالنسبة إلى التفكير في النواحي التالية:

- نتذكر المعاني ونفكر فيها ونتذكر الألفاظ المتصلة بها.
- نصوغ مجموعة من الكلمات التي تحفظ المعاني من الضياع.
- الكلمات هي التي تحدد المعاني التي نستمد منها تفكيرنا.

التفكير وأسلوب حل المشكلات:

لا يضـع كثـير مـن علـماء الـنفس حـدوداً فاصـلة جـادة بـين التفكـير وحـل المشكلات، لأنهـم يفترضـون أن نشـاط حـل المشـكلات يتمثـل في عمليـات التفكـير المختلفة وأنه من خلال أنشطة حل المشكلات يمكن الاستدلال على التفكير

بأنواعـه المختلفـة، لـذلك ينزعـون إلى اسـتخدام مصـطلحي التفكيـر وحـل المشكلات على نحو مترادف وذلك لتداخل الأنشطة المعرفية المتعلقة بهما.

وفي إطار العلاقة بين التفكير وحل المشكلات، يمكننا أن نعرف عمليـة التفكير أنها ذلك النشاط الذي يبذله الفرد ليحل المشكلة التي تعترضه، سـواء تطلب هـذا النشاط تفكيراً أكثر أم أقل، حسبما يكون الموقف أكـثر أو أقل إشكالاً، وعليـه فـإن تجربة التفكير تتضمن أساسين رئيسين، الأول هـو مشـكلة تفـترض، والثاني خطـة تحديد كيف ينتج الفرد أو يفشل في إنتاج الاستجابة المناسبة.

وعليه فإن الإنسان يحتاج إلى التفكير عندما يواجه مشكلة معينة والمشكلة بدورها لا توجد إلا إذا وجد الفرد في موقف معين له فيه غرض محدد يود الوصول إليه إلا أنه لا يستطيع الوصول إلى هذا الغرض عن طريق أساليب سـلوكه المعتـادة (سيد محمد خير الله، 1988 ص255-267).

خطوات حل المشكلة :

- الشعور بالمشكلة: فيهـا يـدرك الفـرد أن ثمـة مشكلة حقيقيـة، ممـا يستوجب عملية التفكير لحل هذه المشكلة، الأمر الذي يولد لديه النزعة إلى البحـث عـن الحل.

- تحديد المشكلة : ويتم ذلك في ضوء إدراك وتصور واضح للمجال الخارجي والخبرات السابقة، وجمع الحقائق التي تساعدنا على وضع حل من الحلول.

- افراض الفروضات: في ضوء ما جمعه الفرد من وقائع حول المشكلة يفترض عـدة فرضيات أو احتمالات كحلول لتلك المشكلة، وتتطلب هذه المرحلـة نوعـاً مـن التفكير المطلق أو التباعدي.

- اختبـار صحة الفرضيات: ويتم ذلك مـن خـلال الملاحظـة أو الاستدلال أو التجريب .

- تطبيق احلل: حيث يطبق الحل الـذي توصـل إليـه في الخطوة السابقة عملياً وبالتالي ينجح في حل المشكلة والتغلب على أسبابها.

ولا بد للمعلم أن يضع نصب عينه أمرين هامين في هذا الخصوص:

- كيف يتعرف التلاميذ إلى المشكلات ؟ ويكف يفكرون في البحث عن حلول لها؟
- كيف يمكن تنظيم النشاط في الفصل بشكل يستثير سلوك حل المشكلات؟

مقترحات لتدريس طرق التفكير وحل المشكلات

حقيقة الأمر أن معظم المقترحات التي من الممكن ذكرها هنا بقصد مساعدة المعلم في تدريس طرف التفكير وحل المشكلات مستمدة في الأصل مـن المفاهيم التي ذكرت في بعض نظريات التعلم وخاصة المفاهيم المرتبطة بـالتعلم الشرطي والتعلم المعرفي وعن التعلم بالاستكشاف وأهـم الخطوات التي يمكن للمعلم أن يتبعها لتدريس حل المشكلات هي: -

- المـدخل الأول هـو تعلـم الطلبـة الارتباطـات اللفظيـة والمفـاهيم والمبـادئ والمعلومات الضرورية في المجال الذي يدرسونه.
- تشجيع جو من الاستقصاء داخل الفصل الدراسي .
- تشجيع ابتكار الأفكار والتعبير عنها أمام مجموعة من المستمعين المهيئين لذلك.
- أن يكون المعلم مثالاً جيداً للتفكير الحدسي والتفكير العلمي والمنطقي المتميز.
- تعليم خطوات حل المشكلة عندما يكون الوقت مناسباً لذلك (رجاء محمود أبـو علام، 1986، ص322).

مقترحات لتحسين التفكير بأنواعه المختلفة.

يقول جون ديوي إن مهمة المدرسة تنحصر في تعليم التلميذ "أن يفكر" وهو هنا يعني المواد التي يتلقاها التلاميذ في المدرسة، والتي تهدف إلى زيادة معلوماتهم نموهم، بحيث تنقل إليهم العديد من المعلومات وذلك بإدراك العلاقات المختلفة بين الأشياء عن طريق التفكير الجيد، لذلك يتعين على المعلمين وذلك بإدراك العلاقات المختلفة بين الأشياء عن طريق التفكير الجيد، لذلك يتعين على المعلمين أن يلموا بوضوح بما يقصد بالتفكير حتى يتمكنوا من معالجة المقررات الدراسية بالوسيلة العلمية الممكنة، وليكن رائدهم تشجيع التلميذ على البحث والاستدلال في جميع المواقف بحسب ما يقتضيه كل نوع منها.

وفيما يلي عدد من هذه المقترحات اللازمة لتحقق ذلك:

- السماح بالاختلاف في الآراء وتقبلها وتحليلها ومناقشتها مناقشة موضوعية وإشراك التلاميذ في جميع ما يدور في الفصل من مناقشات.
- يجب ألا تقتصر أسئلة المعلم على أسئلة الحفظ والاستظهار التي تقوم على ترديد معلومات سبق حفظها واستظهارها. بل يجب أن تتضمن أسئلته أيضاً مواقف تعتمد على إدراك العلاقات وعلى الفهم، والقدرة على الحكم الصحيح والتحليل والتنظيم والمقارنة والفهم.
- أن يؤكد المنهج على عملية التفكير، ولا يكتفي هذا المنهج بتوصيل المعلومات والخبرات للطلاب، بل يجب أن تكون هذه المعلومات والخبرات هامة في تحسين أساليب التفكير المختلفة.
- يستطيع المعلم أن يوجه الطلاب إلى طريقة التفكير السليم وأول خطوة في هذا المجال هو أن يبدأ المدرس بنفسه أولاً، فيقيم أسلوب تفكيره، لأن فاقد الشيء لا يعطيه، فبعض المعلمين لا يعرفون إلا القليل عن التفكير وعن أسلوب

استثارة اهتمام الطلاب للتفكير في المواقف والخبرات التي تقابلهم في المدرسة وفي حياتهم العامة.

- تؤثر الخبرات السابقة في تفكير الطالب، فقد تساعده على التفكير السليم، وقد تؤدي إلى جمود تفكيره، وخاصة إذا استخدم أسلوب تفكير معين في مواقف متغيرة، وهذا يتطلب من المعلم أن يدرب طلابه على تقييم خبراتهم السابقة حتى لا تصبح عائقاً أمام قدرتهم على التفكير.

- يمكن للمعلم أن يباعد بين الطلاب وجمود التفكير وذلك بتشجيعهم على رؤية العلاقات الجديدة في المواقف المختلفة، وأن يشجعهم على استخدام حلول جديدة مبتكرة لحل المشكلات المختلفة التي تواجههم، وان يتقبل المعلم هذه الحلول حتى ولو جاءت مغايرة لما تعود عليه من حلول.

- للقلق والتوتر تأثير سيئ على تفكير الطالب وقدرته على حل المشكلات التي تواجهه فمثلاً إذا خاف الطالب في حصة الهندسة مثلاً، من العقاب أو التأنيب إذا أخطأ في حل مسألة ، فإن هذا يعوق التفكير، ويشتت انتباه الطالب ويحد من قدرته على التركيز ولذلك يجب على المعلم أن يوفر جواً من الأمن والأمان لطلابه داخل الفصل. إن إلمام المعلم بعملية التفكير وقدرته على التعرف إلى نواحي القصور فيها واستعداده لتقدير واستحسان عملية التفكير الذاتي للمتعلم يحول عملية التدريس إلى عملية نشطة وخلاقة.

- إن المعلم الذي يقضي وقته داخل الفصل يدرس لطلابه وهم في سلبية تامة يتلقون المعلومات دون تحليل أو مناقشة ودون إدراك لمدى صلة هذه المعلومات بحياتهم، لا يخلق فيهم طريقة التفكير المناسبة. ولتجنب ذلك يمكن للمعلم أن يعتمد على أسلوب الاكتشاف المعرفي وأسلوب حل المشكلات في التدريس.(ممدوح الكناني وآخرون 1992، ص 245-241).

النتائج العاطفية والوجدانية للتعلم

الاتجاهات النفسية:

مما لا شك فيه أن الاتجاهات تلعب دوراً كبيراً في حياة الإنسان العملية وهي أيضاً تعد نواتج هامة لعملية التعلم. وعلى الرغم من أن هذا الجانب الوجداني للتعلم ذو أهمية إلا أنه لم يحظ بقدر من الاهتمام يتناسب مع ما يلقاه الجانب المعرفي على سبيل المثال أو الجانب الحركي المتصل باكتساب المهارات الحركية المختلفة وذلك لعدة أسباب أشار إليها (عبد القادر كراجه) نجملها في التالي:

- اعتبار أن النشاط الوجداني كالميول والاتجاهات والقيم تعد من المسائل الخاصة بشخصية الإنسان والتي لا يستطيع أن يكشف أحد إلا صاحبها بينما النشاط المعرفي يعد من المسائل العامة التي تستحق الإعلان والتقدير.

- يتميز النشاط الوجداني بصعوبة التعبير عنه لفظاً بل من الصعب قياسه وتقنيه بحكم طبيعته قائمة على الجانب العاطفي والذي لم تثبت الدراسات القدرة على قياسه وتقييمه بينما النشاط المعرفي من الممكن التعبير اللفظي عنه بل ومن الممكن قياسه وتقييمه أيضاً.

- النشاط المعرفي أحكامه أقرب إلى الموضوعية ومن الممكن أن تحددها بالصواب والخطأ بينما النشاط الوجداني تتجه أحكامه نحو الذاتية التي من الممكن من خلالها تزييف الاستجابة وإعطاء صورة غير صحيحة عن الذات، وأنماط السلوك الوجداني العاطفي يمثل مجموعة المفاهيم والميول والدوافع التوافق والخصائص العامة لشخصية الفرد، أي يشمل كل ما هو غير معرفي، وكل هذه المفاهيم تنمو في شخصية الفرد منذ طفولته وأثناء مراحل عمره المختلفة نتيجة لتعلمه الرسمي وتفاعله مع الآخرين (عبد القادر كراجه 1997، ص409-410).

ومما لا شك فيه أن البيئة الاجتماعية تلعب دوراً كبيراً وهاماً في تنمية الجوانب الوجدانية عند الطفل وذلك من خلال التفاعل المستمر مع والديه وباقي أفراد الأسرة وعندما يدخل الطفل إلى المدرسة يكون قد تكون لديه العديد من الاتجاهات بعضها مرغوب فيه وبعضها الآخر غير مرغوب فيه وبذلك يصبح من المهام الرئيسية لمعلم والمدرسة تعديل الكثير من الاتجاهات غير المرغوب فيها وتقوية الاتجاهات المرغوب فيها بل والسعي قدر الإمكان نحو تكوين اتجاهات جديدة وقيم أخلاقية مختلفة من خلال عملية التعلم الجيد.

والاتجاه استجابة عامة عند الفرد إزاء موضوع معين، وبالتالي يتضمن الاتجاه حالة تأهب واستعداد لدى صاحب تجعله يستجيب بطريقة معينة سريعة دون تفكير أو تردد إزاء هذا الموضوع الذي يرتبط عادة بشعور داخلي لدى الفرد. أي أن الاستجابة الصادرة من الفرد إزاء موضوع الاتجاه هي استجابة تنتمي إلى التكوين الانفعالي في شخصية الفرد ويكون التعبير عنها قولاً أو فعلاً.

مفهوم الاتجاه

يعرف الاتجاه على أنه حالة داخلية تؤثر في اختيار الفرد للسلوك أو عدم السلوك حيال موضوع أو شخص أو شيء معين، والاتجاه يعكس استجابة متعلمة تمتاز بالثبات النفسي، إلا إنها قابلة للتعديل أو التغيير وفق مبادئ التعلم . وقد تكون هذه الاستجابة قوية أو ضعيفة، كما أنها قد تكون سلبية أو موجبة أو محايدة.

ويتألف الاتجاه من ثلاثة مكونات رئيسية هي المكون المعرفي ويتمثل في خبرات وأفكار ومعتقدات الفرد حول الشيء أو الموضوع، والمكون الوجداني (العاطفي) ويعكس حقيقة شعور الفرد حيال الموضوع، والمكون السلوكي ويتمثل في ردة فعل الفرد السلوكي حيال الموضوع. وتتمثل القدرة التي يكتسبها الفرد من تعلم الاتجاه في اختياره ا وعدم اختياره للسلوك.

مكونات الاتجاهات النفسية:

تحتوي الاتجاهات باختلاف أنواعها على ثلاثة مكونات أساسية هي المكون العاطفي والمكون المعرفي والكون السلوكي .

المكون العاطفي:

يحدد هذا المكون الأسلوب الشعوري العام لشخصية الفرد بحيث يمكن معرفة الاستجابية في قبول موضوع الاتجاه أو رفضه وقد يكون هذا الشعور غير منطقي فقد يقبل الطالب على مادة من المواد الدراسية أو يرفضها دون وعي منه للأبعاد التي تدفعه إلى الاستجابة بالقبول أو الرفض أي نرفض أشياء كثيرة في حياتنا اليومية ونقبل على غيرها من الأشياء دون المعرفة التامة بأسباب هذا الإقبال أو الرفض وأحياناً نعجز عن تفسير ذلك ومرد هذه الأشياء في الغالب إلى أبعاد عاطفية.

المكون المعرفي:

للمعلومات والحقائق الذي يلم بها الفرد حول موضوع ما باعتبارها مكوناً معرفياً المرجع الأساسي في موضوع الاتجاه الذي يسلكه فالطالب الذي يكون العديد من المعلومات والأفكار حول مفهوم من المفاهيم أو قيمة من القيم أو عادة من العادات أو دارسة من الدراسات الاجتماعية – الأثر الكبير في تنمية هذا أو ذاك الاتجاه الأمر الذي يجعله يعمل باستمرار على تطوير هذه الأفكار أو المفاهيم أو هذه الدراسات المختلفة باعتبارها انجازاً لحياة مجتمعية أفضل.

المكون السلوكي :

يسلك الفرد في تفاعلاته الاجتماعية المختلفة أنواعا من السلوك، والاتجاهات في حد ذاتها تعمل كموجهات للسلوك – حيث تدفع الفرد إلى العمل وفق الاتجاه الذي يتبناه-لذلك نجد الطالب الذي يملك اتجاهات تقبلية نحو العمل

المدرسي يساهم في الأنشطة المدرسية المختلفة بل ويثابر على المشاركة الجيدة في العديد منها ويشتهر بتفاعلاته الاجتماعية داخل المجتمع المدرسي. (عبد المجيد نشواتي 1998، ص471-272).

خصائص الاتجاهات النفسية:

ذكر محمود منسي مجموعة من الخصائص تتميز بها الاتجاهات النفسية التي تتلخص في الآتي:

-الاتجاهات النفسية مكتسبة ومتعلمة وليست موروثة.

-الاتجاهات لا تتكون في فراغ ولكنها تتضمن دائماً علاقة بين فرد وموضوع من موضوعات البيئة.

-تتعدد الاتجاهات وتختلف حسب المثيرات المرتبطة بها.

-للاتجاهات النفسية خصائص انفعالية.

-مثل الاتجاه النفسي الاتفاق بين استجابات الرد للمثيرات الاجتماعية، مما يسمح لنا بالتنبؤ باستجابة الفرد لبعض المثيرات الاجتماعية المعنية.

-الاتجاه النفسي قد يكون محدداً وقد يكون عاماً.

-الاتجاه النفسي يقع بين طرفين متقابلين احداهما موجب والآخر سالب أي يقع بين التأييد المطلق والمعارضة المطلقة ومثال ذلك أن الفرد قد يؤيد تمام التأييد إعطاء المرأة حقوقها السياسية ويعارض المركزية في الخدمات.

-الاتجاه النفسي تغلب عليه الذاتية أكثر من الموضوعية من حيث محتواه ومضمونه المعرفي. والمثال على ذلك أن مجموعة الأفراد قد يذكرون بألسنتهم أنهم يؤيدون الديمقراطية ثم يكون لكل فرد مفهومه الخاص حول هذا الموضوع.

-الاتجاهات النفسية تتقارب في وضوحها وجلائها فمنها ما هو واضح المعالم،

ومنها ما هو غامض، فمن الناس من يكون لديه اتجاه واضح نحو حزب معين فهو يعارضه ويعلم بمآخذه التي يعارضه بسببها، في حين نجد من الأفراد من يكون لديه اتجاه موجب نحو العلوم الطبيعية ولكن ليس لديه مفهوم واضح عن العلوم الطبيعية والتمييز بين النواحي النظرية والتطبيقية .

-تختلف الاتجاهات النفسية من حيث درجة ترابطها ومقدار التكامل بين بعضها البعض.

-الاتجاهات النفسية لها صفة الثبات النسبي والاستمرار النسبي ولكن من الممكن تعليمها وتغييرها تحت ظروف معينة.

-الاتجاه النفسي قد يكون قوياً على مر الزمن ويقاوم ظروف التعديل والتغير وفقاً لدرجة وضوحه عند الفرد أو لقيمته الكبيرة عنده.

وظائفه الاتجاهات النفسية

يحدد (عبد المجيد النشواتي 1996 ، ص475-476) وظائف أساسية للاتجاهات تلخصها في النقاط التالية:

الوظيفة "المنفعية":

يحاول الفرد إظهار بعض الاتجاهات التي توضح تقبله لمعايير الجماعة التي يتفاعل معها باستمرار وذلك لتحقيق العديد من الأهداف التي يسعى إليها سواء أكانت تتعلق بالحياة الوظيفية أم الأسرية أي تحقيق العديد من المنافع الشخصية من خلال تكيفه مع الجماعة التي يعيش فيها.

الوظيفة "التنظيمية والاقتصادية" :

يقوم الفرد باستخدام بعض القواعد البسيطة المنظمة التي يستطيع من خلالها تحديد سلوكه حيال العديد من الفئات التي يتعامل أو يتفاعل معها وهذا

الجانب التنظيمي في تعامله هدفه تحقيق بعض المصالح اقتصادية كانت أم اجتماعية تعود عليه بالمنفعة ولو بعد فترة زمنية طويلة.

الوظيفة "التعبيرية":

توفر الاتجاهات للفرد التعبير عن الذات وتحديد شخصيته من خلال تفاعله في الحياة الاجتماعية وتسمح له بالاستجابة للمثيرات البيئية المختلفة على نحو نشط وفعال، الأمر الذي يضفي على حياته معنىً هاماً ويجنبه الانعزال داخل مجتمعه.

الوظيفة "الدفاعية":

يلاحظ دائماً أن اتجاهات الفرد مرتبطة بدوافعه وحاجاته الشخصية أكثر من ارتباطها بالخصائص الموضوعية أو الواقعية لموضوعات الاتجاهات ، لذلك قد يلجأ الفرد أحياناً إلى تكوين اتجاهات معينة لتبرير بعض صراعات الداخلية أو فشله حيال أوضاع معينة، وذلك للاحتفاظ بكرامته وثقته بنفسه أي يتخذ من هذه الاتجاهات وسائل دفاعية عن نفسه عند اتهامه من قبل الغير.

العوامل المؤثرة في تكوين الاتجاهات:

يحدد رجاء أبو علام مجموعة من العوامل تتمثل في (1) النضج (2) العوامل الجسمية (3) العوامل الأسرية(4) البيئة الاجتماعية (5) المعلم (6) المنهج المدرسي كأهم ستة عوامل يكون لها الثر الفعال في تكوين الاتجاهات في شخصية الفرد وسنتحدث عنها باختصار لأهميتها (رجاء أبو علام 1996، ص 322-337).

النضج:

للنضج الأهمية الكبرى في تكوين أو اكتساب الاتجاهات المختلفة عند الأفراد ولا ينطبق هذا على الجهاز العصبي عند الفرد بل يتعداه إلى نمو الجسم بأكمله . ومما لا شكل فيه أن الجانب العقلي في شخصية الفرد ذو أهمية كبيرة في تكوين الاتجاه فالارتباط كبيرة بين تكوين الاتجاه فالارتباط كبير بين تكوين الاتجاه ونمو الذكاء في الشخصية أي أن تكون الاتجاه متصل بالإدراك والذاكرة والفهم والمنطق.

ومن الملاحظ أن الطفل الصغير محدود القدرة في فهم البيئة التي تحيط به لذلك فهو غير قادر على تكوين اتجاهات كثيرة عن الأشياء البعيدة أو المعقدة أو المجردة.

العوامل الجسمية:

لا يستطيع المعلم أن يكون في طلابه اتجاهات سليمة إلا إذا عولجت العوامل المسببة لحالاتهم المرضية. فكثيراً من اضطربات سواء التغذية أو الأمراض الأخرى المختلفة تكون سبباً في كثير من الاضطرابات السلوكية الشديدة وتؤدي مثل هذه العوامل بالطفل-في كثير من الأحيان - إلى تكيف غير سوي ونجد مثل هؤلاء الأطفال يكونون اتجاهات مناوئة للمجتمع وكذلك نجدهم أقل قابلية لاكتساب العديد من الاتجاهات الجماعية.

ومن الممكن أن يكون المعلم أول المكتشفين لمثل هذه الأمراض أو العوامل المؤثرة في عملية النمو السليم لطلابه ويحيلهم إلى جهات الاختصاص من الأطباء وخبراء التغذية.

العوامل الأسرية:

الكثير من الدراسات أشارت إلى الارتباط الوثيق بين اتجاهات الآباء واتجاهات أبنائهم ويرجع ذلك إلى أن الأبناء يتلقون خبراتهم الأولى من البيئة الأسرية ومع هذه الخبرات يكتسبون اتجاهات أسرهم المختلفة.

البيئة الاجتماعية:

البيئة الاجتماعية المتمثلة في الزملاء والرفاق والأصدقاء لها الدور الكبير في تكوين الاتجاهات المختلفة عند الطفل وكلما نما الطفل واتسعت دائرة اتصالاته الاجتماعية المختلفة ازداد بالتدريج اكتسابه للعديد من الاتجاهات المختلفة. وللمدرسة في هذا الخصوص الأثر الكبير فاتجاهات الجماعة المدرسة أو جماعة الرفاق في المدرسة قد يكون لها الأثر الفعال في اكتساب الاتجاهات وخاصة عند الطلبة الجدد وبالتالي فالعلاقة المدرسية قد تفوق أهمية المناهج والكتب الدراسية في تكوين الاتجاهات.

المعلم:

لشخصية المعلم وسماته الخلقية الأثر الفعال في تكوين الاتجاهات وغرس القيم في شخصية الطلاب، فالمعلم الذي لا يتمتع بشخصية جيدة ومحبوبة عند طلابه لن يكون له الأثر الطيب في تكوين الاتجاهات والقيم.

المنهج المدرس:

مما لا شك فيه أن المنهج المدرس له الأثر الكبير في تكوين الاتجاهات عند التلاميذ لذلك يجب أن يتسم المنهج المدرسي بالعديد من القيم الأخلاقية والاتجاهات التربوية السليمة من خلال ما يدرس من مواد في الأدب وفي المقررات الاجتماعية المختلفة يضاف إلى ذلك الأنشطة المختلفة المصاحبة لهذه المقررات

الدراسية والتي كثير ما تفوق المنهج في تكوين شخصية التلاميذ واتجاهاتهم المختلفة.

دور المدرسة والجامعة في تكوين الاتجاهات.

تلعب المدرسة والجامعة دوراً كبيراً في تكوين الاتجاهات النفسية الاجتماعية للمتعلمين تبعاً لما لها من مكانة هامة في عملية التربية والتعليم. هذا ويتحدد دور المدرسة أو الجامعة في تكوين الاتجاهات في النقاط الآتية كما وردت مختصرة عند محمود منسي 1998، (ص 220-223).

القدوة :

القدوة هي نموذج سلوكي يتحدد فيه الفكر والعمل، والقول والفعل. والقدوة في شخصية نموذجية يحتذى بها، ليس هناك انفصال بين ما تقوله وما ترغبه وما تفعله ، هنا ويعلب المدرس دوراً كبيراً في غرس الاتجاهات وتكوينها لدى طلابه وذلك نظراً لما يتمتع به من مكانة نحددها في الأمور التالية:

-أنه القائم على نقل التراث الثقافي إلى طلابه من الأجيال الصاعدة.

-أنه مصدر من مصادر المعرفة الذي يجد فيه الطلاب كثيراً من المعاني التي تساعدهم على فهم العالم الخارجي والتوافق معه.

-يعد الطلاب المدرس قدوة لهم يبحثون فيه عن مثلهم ومستوياتهم واتجاهاتهم حيث يقوم المدرس بدور كبير في تشكيل الحياة الانفعالية لتلاميذه.

تقديم الحقائق الموضوعية:

يمكن القول إن تقديم الحقائق الموضوعية بشأن موضوع خارجي يمثل عاملاً هاماً في تعديل اتجاهات الأفراد إزاء الموضوع أو تكوينه إذا لم يكن موجوداً . فنحن عادة ما تكون اتجاهات خاطئة نتيجة معلومات مبتورة ناقصة، وظيفة المدرسة هي تنظيم المعلومات الوقائع والحقائق في وحدات كلية نظراً لأنها

تفيد في تشكيل المواقف الخارجية بطريقة سليمة، ومن ثم تساعد الطالب على تبني تفسير واضح لا لبس فيه ولا غموض إزاء بعض المواقف الخارجية التي تؤثر في حياته تأثيراً مباشراً. وكلما كانت مصادر هذه الحقائق أصلية ولست ثانوية كان تأثيرها أقوى وأشد فاعلية من الحقائق المستمدة من المصادر الثانوية.

وكلما كانت هذه الحقائق مؤسسة على مجهود الطلاب المباشر لجمع الإحصائيات أو القرارات أو التعيينات، كلما كان تأثيرها أقوى في تغيير اتجاهات هؤلاء الطلاب .

هذا وتلعب الزيارات والرحلات الموجهة دوراً رئيسياً في هذه الناحية فمثلاً زيادة المصانع أو رحلة لسوق الإنتاج، أو مناقشة مع أصحاب الصناعات تؤدي إلى تكوين اتجاهات جديدة عند الطلاب لم تكن موجودة من قبل مثل احترام مجهود العامل في العمل والإنتاج، تقدير الصناعات الثقيلة الوطنية..الخ.

طريقة التفكير :

لم يعد يجدي أسلوب الوعظ والإرشاد في تعليم الطلاب الاتجاهات والقيم، فقد يؤدي إلى نتيجة عكسية. فالمدرس الذي يلاحظ أن بعض الطلاب غش أثناء أحد الامتحانات ويعطي درساً في الأمانة وضرورة تجنب الغش واستشهد على ذلك ببعض الأبيات الشعرية فإن ذلك لن يغير من اتجاهات الطلاب وسلوكهم عند إجراء الامتحانات في اختبارات أخرى.

والواقع إنه إذا أردنا أن تكون لدى الطلاب اتجاهات موجبة إزاء تقدير المجهود الفردي وقيم الأمانة وغيرها، فإن هذا يجب أن يتم على أساس التحليل التربوي للمواقف التي يحتمل أن يظهر فيها الغش وعدم الأمانة ، وبحيث يوضح المدرس لطلابه أسلوب الغش من حيث أنه سلوك خاطئ. وقد ينجح في تعديل أو تغيير اتجاهات طلابه على أن يتم هذا داخل إطار المناقشة الحرة البناءة.

ويمكن أن يتحقق ذلك أيضاً من خلال مواقف تعليمية يعتمد المدرس في تدريسه لها عادة على طريقة التفكير العلمي. فإذا كنا مثلاً بصدد مناقشة الاتجاه نحو تحديد الملكية، فيجب أن يبدأ المدرس بعرض المشكلة من حيث توزيع الملكيات الكبيرة والصغيرة. وعدد المنتفعين من الملكيات الكبيرة. وضرورة العمل على تحقيق نوع من المساواة والعدالة بين أفراد المجتمع الواحد حتى يتحقق التضامن في المجتمع.

المهارسة:

تعد الممارسة شرطاً هاماً من شروط التعلم، وهذا ينطبق على تكوين الاتجاهات والقيم لدى طلاب المراحل التعليمية المختلفة.

والمقصود بالممارسة التكرار المعزز لاستجابة من الاستجابات تتعلق بموقف معين قد تكون هذه الممارسة في صورة قراءة أو مناقشة أو أسئلة أو زيارات أو رحلات أو كتابة تقارير.

تعتمد عملية إكساب الطلاب الاتجاهات المختلفة على استثارة ميولهم في الموضوعات التي تتعلق بالاتجاهات مثل الاتجاه نحو العمل اليدوي، أو الاتجاه نحو العمل المكتبي والحكمي.

كما تكتسب الاتجاهات خلال ممارسة الفصل الدراسي لموضوع ما عن طريق المناقشة الموجهة المبنية على الحقائق الموضوعية.

ومن ثم فإن مهمة المدرسة في تكوين الاتجاهات يجب أن تنصب على الاهتمام بخلق المواقف المدرسية التي تتيح فرصة منظمة مستمرة للمدرسين والطلاب في الاستفادة من هذه المواقف في تعويد الطلاب على أسلوب معين من الاستجابات إزاء المواقف الخارجية.

المناقشة المشتركة :

والمقصود بالمناقشة المشتركة إن تنتظم جماعة من الأفراد حول مائدة المناقشة أو حلقة مناقشة بغرض مناقشة موضوع ما. هذا على أن يكون للجماعة قائد يدير المناقشة وينظمها وعلى أن يشعر جميع أفراد الجماعة بالحرية الكاملة في المناقشة وأن تحترم آراء أفراد الجماعة ومعتقداتها. وأن تتوافر مجموعة من الوقائع الموضوعية التي تتحدث عن نفسها والتي يمكن أن يستدل الطلاب منها ويتواصلوا إلى نتائج معينة في موضوع المناقشة وبالتالي يغير أعضاؤها من اتجاهاتهم .

النتائج النفسحركية للتعلم

المدرسة كواحدة من المؤسسات المجتمعية الهامة، تلعب دوراً أولياً في تعليم السلوك الحركي وتطويره عند المتعلمين. فالكتابة والرسم والتلوين والعزف على آلة موسيقية، والألعاب الرياضية واستخدام الأجهزة المخبرية كلها أمثلة على المهارات الحركية التي يهتم بها التعلم المدرسي والتي تشكل بعض الأهداف التعليمية الهامة.

تعلم المهارات الحركية:

كلمة مهارات لها عدة معان مرتبطة، ومنها الإشارة إلى نشاط معين يتطلب فترة من التدريب المقصود والممارسة المنظمة والخبرة المضبوطة بحيث يؤدي بطريقة ملائمة وعادة ما يكون له وظيفة مفيدة مثل قيادة السيارات وعزف الآلات الموسيقية والكتابة على جهاز الحاسب الآلي وفي هذا المعنى نجد التركيز على النشاط والإنجاز والمعالجة الفعلية الواقعية.

ومن معاني المهارات أيضاً وصف الشخص بأنه على درجة من الكفاية والجودة في الأداء، وهنا نجد التركيز على مستوى الأداء الذي يستطيعه وليس

على خصائص الأداء ذاته ومن ذلك المهارة في استخدام ماكينة الخياطة، أو مهارة النجار ف استخدام المنشار... وهكذا.

هذا وقد ذكر عبد المجيد نشواتي ثلاث مراحل أساسية لتعلم المهارات الحركية هي :

المرحلة المعرفية:

حيث يحاول الفرد في هذه المرحلة التعرف إلى نوع المهارة التي يرغب في تعلمها محاولاً الوقوف على خصائصها المختلفة وكيفية أدائها مستفيداً من المدرب الذي يقوم على تدريبه والذي من المفروض أن يبدأ بإعطاء المعلومات البسيطة غير المطولة قبل تمكينه من التفصيلات. والأمثلة على ذلك كثيرة جداً مثل تعلم اللغات المختلفة أو المهن المختلفة كالتجارة وميكانيكا السيارات وغيرها.

المرحلة الارتباطية :

في هذه المرحلة يتم الارتباط بين المتعلم والمهارة التي رغب تعلمها أو إتقانها، الفترة الزمنية التي يستغرقها التعلم الحركية في هذه المرحلة أطول من المرحلة السابقة والتي تتطلب منه فهم المهارة ومكوناتها وشروط أدائها.

المرحلة الاستقلالية:

وتعد هذه المرحلة آخر مراحل التعلم الحركي حيث نجد المتعلم غير محتاج إلى التفكير بالاستجابات التالية المكونة للمهارة بل نجده يستغل نمط الأداء الاستجابي الحركي بذاته وقد يؤدي الفرد في هذه المرحلة الاستجابة الحركية دون التأثر بعمليات التداخل التي تسببها مثيرات أخرى(عبد المجيد نشواتي 1998، ص502-508).

خصائص المهارات الحركية:

إن محك الحكم على جودة الأداء والذي يستخدم ف معظم أغراض تقويمه هو التحسن الذي يطرأ على الإنتاج من حيث الكم الكيف، أو من حيث السرعة والدقة إلا أن المحك ليس له خاصيته العمومية بحيث يصلح لجميع الأحوال، لأن الإنتاج كمه وكيفه محل نوعي خاص بنشاط معين، وقد يفيد في بعض الأغراض.

إن التغير في الأداء والإتقان النهائي اللازم لاكتساب المهارة ليس مجرد الأداء الأول مضافاً إليه عنصر السرعة بل إنه أداء قد يختلف كيفياً عن الأداء المبدئي ويتميز بالتغييرات الهامة. ولقد ذكر عبد القادر كراجه مجموعة من التغيرات الهامة نلخصها في التالي:

- نقص التوتر العضلي الذي يصاحب المحاولات الأولى في العادة .
- حذف الحركات الزائدة عن الحاجة.
- زيادة التوافق لظروف الأداء كما يتمثل في سهولة الحركات ويسرها.
- زيادة المرونة في الأداء نتيجة لتغير ظروف الأداء.
- زيادة الثقة بالنفس وعدم الظهور النسبي للتردد.
- زيادة الرغبة في تحسن الجهد ونمو اتجاه الرضا عن العمل والإقبال عليه.
- زيادة الاستبصار بالعمل وإدراك العلاقات بين أجزائه مما يساعد على إدراك المعلم للأسباب الحقيقة لتحسنه.
- الانتظام في الأداء بحيث يعطي انطباعاً بعدم التسرع بينما المعدل الفعلي للأداء على درجة كبيرة من الانتفاع (عبد الله القادر كراجه 1997 ص 421).

التدريب واكتساب المهارات الحركية:

عرفت التعلم من قبل بأنه التعبير في الأداء تحت شروط الممارسة والخبرة والتدريب. وهذا ينطبق بشك خاص على اكتساب المهارات التي لا بد من التدريب المتواصل لاكتسابها ومن خلال متابعتنا نمو أطفالنا نلاحظ أن هناك مهارات معينة تظهر عن مستويات مختلفة من النضج مثال ذلك مهارة المشي ـ أو مهارة الجري، ويقوم الطفل بممارسة هذه المهارات وبالتدريب عليها مراراً وتكراراً حتى يتقنها تماماً. ويحدث هذا بشكل طبيعي أثناء مراحل النمو المختلفة ولا يقوم الطفل بالتدرب على مهارة تالية في سلسلة المهام الإنمائية إلا بعد أن يكون قد أتقن المهارة التي هو بصدد بالتدرب عليها. ويكون هناك في نفس الوقت شخص (قد يكون الأب أو الأم) يتولى الإشراف على الطفل ويكون بمثابة المدرس أو الموجه الذي يساعد الطفل أثناء التدريب ويوضح له بالكلام تارة وبالفعل تارة أخرى، وهو أثناء ذلك يشجعه ويمتدحه. ويتم هذا التدريب بشكل مقصود في مواقف الحياة الطبيعية. وتنطبق نفس الظروف عند التدريب على المهارات الحركية في مواقف التعلم الرسمي مثل الكتابة والقراءة والسباحة وكرة ا لقدم والكتابة على الآلة الكاتبة وغير ذلك.

ومن أهم الأشياء لاكتساب المهارة وجود المدرس أو المدرب الكفي والذي يكون عارفاً بكل جوانب المهارة بما فيها من حركات رئيسية وحركات فرعية، ويكون قادراً على الإيضاح العملي للأداء الصحيح، ليس فقط أداء المهارة كلها أداء متكاملاً سلساً، بل ويكون قادراً على عرض أجزائها جزءاً جزءاً. كما يجب أن يكون قادراً على ملاحظة جوانب القوة والضعف في الطالب أثناء تدريبه، لمساعدته في التغلب على جوانب الضعف ومن مسؤولية المدرب كذلك معرفة أفضل طرق تدريس المهارات وكيف يمكن التدريب عليها.

وبمعنى آخر يجب أن يعرف المـدرس مهـام برنامج الأداء النـاجح للمهارة، ويجب أن يعرف الأفعال التي يجب أداؤها والعلامات التـي توجهها، فتلك هـي الخطوة الأولى والأساسية في إعداد خطة التدريب هذا وقد ذكر رجاء محمـود أبـو علام مجموعة من الخطوات التي تجعل برنامج التدريب برنامجاً جيداً ومثمراً على النحو التالي: -

- مواجهة المتعلم بالعلامات التي سوف يستجيب لها عند أداء المهارة وقـد يكون من المفيد أحياناً معرفة العلامات الإضافية التي تساعد على التمييز.

- تبسيط العمل عند بداية التدريب بحيث لا يخل هـذا التبسـيط بـنمط العمـل ككل.

- توفير الظروف التي يمكن ملاءمة الاستجابات معهـا، مثل تعـدد الأغـراض التـي يتم من أجلها ممارسة المهارة، وتعدد المواقف وتنعها فإن ذلك يسـاعد عـلى أداء المهارة في ظروف مختلفة.

- تحليل العمل إلى أجزائه وذلك حتى يمكن تحديد أفضل أنمـاط الاسـتجابة ، مـع إعطاء أمثلة حتى يصبح لدى الطالب فكرة لفظية عن العمل وأجزائه، ويجب توجيه انتباه الطالب إلى العلامـات المهمـة، مـع إعطـاء التفسـيرات اللازمـة في أوائل برنامج التدريب.

- ملاحظة المتعلم أثناء القيام بالاستجابة للتأكد من أنه يقـوم بالاسـتجابة بشـكل سليم.

- إعطاء تغذية راجعة سريعة حتى يستطيع المتعلم أن يحكم بنفسه على نفسه.

- توجيه المتعلم إلى تقويم أدائه بنفسه والحكم عليه وبخاصة من حيث الشكل.

- تشجيع المتعلم على القيام بفترات تدريب قصيرة نسبياً مع زيادة الفتـرات بـين مرات التدريب بالتدريج (رجاء أبو علام 1996 ، ص339-340).

التطبيقات التربوية التي ينبغي على المعلم مراعاتها:

يجب على المدرب أو المعلم العمل على تنبيه الطالب إلى مكونات المهارة الحركية الأساسية، وتزويده بالشرح اللازم والمتعلق بأبعاد هذه المهارة مستخدماً في ذلك ما يتوافر لديه من إمكانات ووسائل سمعية وبصرية ممكنة من شأنها أن توضح للطالب كيفية التدريب الجيد في ممارسة هذه المهارة. وهنا يجب التركيز على التنسيق بين هذه المكونات المختلفة حتى تظهر المهارة كاستجابة واحدة متكاملة. أما مجموعة المهارات الحركي البسيطة فمن الممكن التدريب عليها بشكل كلي وليس جزئياً. ومما لا شك فيه أن عملية تعقيد أو تبسيط المهارة الحركية مرتبط كل الارتباط بخصائص الطالب المتدرب وبمستوى نموه المعرفي والنفس حركي.

التغذية الراجعة:

تعد التغذية الراجعة من أهم المؤشرات التي تجعل المعلم أو المدرب على دراية كاملة بمدى تحقيق الأهداف المرسومة من خلال التقويم الشامل للمتعلم. بل وتتيح التغذية الراجعة للمتعلم تقويم نفسه من وقت لآخر وهل استطاع أن يدرك ويفهم ما يجب عليه فهمه خلال تعلمه وتدريبه السابق للمهارة الحركية؟ هي تحققت الأهداف التي كان المعلم أو المدرب يسعى طوال الوقت لتحقيقها؟

اختلاف مواقع التدريب على المهارة الحركية:

من الأمور التي ينبغي على المعلم أو المدرب الاهتمام بها تغيير مواقع التدريب المختلفة. فبدلاً من أن تكون داخل المؤسسة الواحدة يجب أن تكون في مواقع بيئية مختلفة حتى تتم عملية الفائدة وتتنوع الخبرة بتنوع المكان والزمان.

المهارسة المستمرة للمهارة الحركية:

تعد الاستمرارية في أداء المهارات الحركيـة المكتسـبة مـن أهـم العنـاصر التـي يجب على المعلم أو المدرب المحافظة عليها بـالتعزيز المتواصـل للمـتعلم متخـذاً في ذلك مبدأ التجديد المستمر.

وهنا يجب التفريق بين هذا النوع من الممارسة وبين التكرار. فـالتكرار الآلي لا يؤدي إلى تحسين الأداء عند المعلم ما لم يصاحب بفهم المهارة الحركية، لذلك يجـب على المعلم أن يشجع طلابه على تبني أنماط استجابة جديدة تكون أكـثر فعاليـة في أداء المهارة النفس حركية.

الفصل التاسع

الشخصية

الفصل التاسع

الشـــخصـــية

مقدمة :

مفهوم الشخصية:

الشخصية هي وحدة الحياة النفسية، وتعد أساس دراسة علم النفس. ومن المعروف أن الأفراد يختلفون فيما بينهم من حيث تكوين شخصية كل منهم، وأنه لا يوجد أي فردين متشابهين تشابهاً تاماً على الإطلاق بل لكل شخص طابعه الفريد الذي يميزه عن غيره. ومن أجل هذا نجد أن كثيراً من الاتجاهات في علم النفس قدر تركزت في بحث الفروق الفردية، وقد أدى ذلك إلى الاهتمام بعلم النفس الفردي، ودراسة الفروق الفردية، كما نجد أيضاً اهتماماً بدراسة الصفات الطائفية وأنواع السلوك المختلفة، وأنواع الشخصيات والذي يسمى بسيكولوجية الشخصية.

وقد قامت تعاريف الشخصية في البداية على فكرة التمثيل المسرحي وما يقوم به الشخص أمام الغير من حركات وصفات ظاهرية بصرف النظر عما يخفيه فينفسه من صفات داخلية. وهذا كان يعزى للمعنى الأصلي لكلمة "شخصية" وهي الظهور أمام الغير في شكل تمثيلي. أي أن كلمة شخصية تحمل في معناها المظهر الذي يؤثر به الشخص في الآخرين، فارتبط بهذه الفكرة تعريف الشخصية بالقدرة على التأثير في الغير، أو الأثر الذي يتركه الشخص فيمن حوله ولا يرتبط بذلك مما قد يكون لدى الفرد من صفات معينة، ولكن التعريف لا يوضح لنا شيئاً عن الصفات الداخلية الحقيقية في الفرد، فالشخص يمكن أن يتمثل في عدد من

الشخصيات وهي: الشخص كما يراه غيره، والشخص يمكن أن يتمثل في عدد من الشخصيات وهي: الشخص كما يراه غيره، والشخص يمكن أن يتمثل في عدد من الشخصيات وهي: الشخص كما يراه غيره، والشخص كما يرى نفسه، والشخص على حقيقته، ومن ثم فتعرف "الشخصية" يعد غير شامل لأنه يهمل الناحيتين الأخريين ويهتم فقط بالشخصية كما يراها الغير.

كذلك استخدام مصطلح الشخصية ليعبر عن أن شخصية الفرد تتمثل في الانطباعات التي يتركها في الآخرين. وبذا يمكن القول إن الشخص له (شخصية عدوانية) أو (شخصية مستكينة) أو (شخصية مخيفة) فالشخصية هنا هي الانطباع الكلي الذي يخلفه في الشخص الآخرين وتتعين شخصيته بهذه الكلمة أو الصفة. هذا هو التعريف الدارج للشخصية، والآن ما هو التعريف العلمي للشخصية؟

يرى العلماء أن الشخصية تمثل جوهر الإنسان، ويرون أن الشخصية تشير إلى ذلك الجانب من الفرد الذي يمثله أكثر من بقية الجوانب الأخرى، ويتمثل هذا النوع من التعريفات فيما يرى أولبورت من أن "الشخصية هي ما يكون عليه الإنسان في حقيقته" ويقتضي ذلك أن الشخصية تتكون في نهاية الأمر من أكثر الأشياء تمثيلاً وأعمقها تمييزاً للشخص.

وهكذا فإن الشخصية تعرف بواسطة المفهومات التجريبية الجزئية التي هي جزء من نظرية الشخصية التي يستخدمها الملاحظ. أن الشخصية تتكون من مجموعة من القيم والحدود الوصفية Descriptive التي تستخدم في وصف الفرد موضوع الدراسة بحسب المتغيرات أو الأبعاد التي تحتل مكاناً مركزياً داخل النظرية المستخدمة.

ويعرف مواري الشخصية "بأنها الجهاز المسيطر على الجسم وهي المؤسسة التي تظل تعمل دون توقف منذ الميلاد حتى اليوم في عمليات تحويلية وظيفية".

ولقد أكد جـون واطسـون John Watson مؤسـس النظريـة السـلوكية عـلى السلوك العلني الظاهري في تعريف الشخصية فيعرفها بأنها "مجموعة الأنشطة التي يمكن اكتشافها عن طريق الملاحظة الفعلية للسلوك لفترة كافية، بقدر الإمكان، لكي تعطي معلومات موثوق بها". بمعنى آخر، فإن الشخصية هي النتائج النهائي لأنظمة عاداتنا. وطريقتنا في دراسة الشخصية وهي عمـل وتصميم جزء فعلي لسيل مـن أنشطة الفرد المتجددة باستمرار.

بينما يعرف "سيجموند فرويد" الشخصية في ضوء تكوين نفسي معين يتضمن ثلاثة جوانب: الهو، الأنا، الأنا الأعـلى، ومـا يجري بينهـا مـن علاقـات متبادلها أثـر الخبرات المبكرة على تكوين الشخصية، ودور الخبرات اللاشعورية في توجيه شخصية الفرد.

ويصف جيلفورد Guilford الشخصية بأنها "ذلك النمـوذج الفريـد الـذي تتكون منه سماته". ويذكر أنه أسس تعريفه هذا على مسلمة يبدو أن الجميع يوافقونه عليها مؤداها أن كل "شخصية فريدة"، ويقوم هذا التعريف عـلى مبـدأ الفروق الفردية وعلى مفهوم السمة. ويذكر سيد محمد غنيم تعريفاً لديفيد ما كليلاند David McClenlland عالم النفس المعروف بأعماله المتطورة في دافعيـة الإنجـاز Achievement Motivation يذكر فيه إن : "الشخصية هـي أنسـب تصور للأنماط السلوكية لشخص ما، في جميع دقائقها وتفاصيلها والتي يمكن أن يعطيها العالم المختص عند لحظة زمنية معينة" وعلى ذلك فالشخصية هي تأويـل أو تفسير نظري مشتق من جميـع الأنماط السـلوكية لشخص مـا. (سيد محمـد غنيم 1975، ص 476-477).

أما رايموند كاتل Raymond Cattell فإنه يرى شخصية الفرد تمكننا من التنبؤ بما سوف يفعله الشخص في موقف معين، وعلى ذلك فإن هذا البحوث النفسية في الشخصية هي تحديد قوانين تتعلق بما سوف يفعله الأفراد المختلفون

في جميع أنواع المواقف الاجتماعية والبيئية العامة. أن الشخصية تتعلق بشكل سلوك الفرد سواء كان سلوكاً صرحاً أم خفياً.

أما التعاريف التي يؤخذ بها الآن فتقوم على الاستفادة من جميع التعاريف بحيث نجدها وافية شاملة، من الأمثلة على ذلك تعريف أو لبورت القائل بأن : "الشخصية هي التنظيم الديناميكي في نفس الفرد لتلك الاستعدادات الجسمية النفسية التي تحدد طريقته الخاصة للتكيف مع البيئة".

وهذا لا يختلف كثيراً عن تعريف "بيرت" القائل إن : "الشخصية هي ذلك النظام الكامل من الميول والاستعدادات الجسمية والعقلية، الثابتة نسبياً، التي تعد مميزاً خاصاً للفرد، وبمقتضاه يتحدد أسلوبه الخاص للتكيف مع البيئة المادية والاجتماعية". ويتضح من التعريفين السابقين ما يأتي:

- أن تعريف أولبرت يشير إلى فكرة الديناميكية في الشخصية إشارة إلى التفاعل المستمر بين عناصرها كما أن تعريف "بيرت" يشير إلى فكرة "الثبات نسبياً" أي أهمية عناصر الشخصية التي لا تتغير كثيراً على طول الزمن فهذه هي الصفات التي يصح الاستناد عليها في الحكم على الشخصية، مثل هيئة الجسم والذكاء العام والصفات الموروثة أو المكتسبة التي لها صفة الدوام نسبياً.
- كل من التعريفين يؤكد فكرة التكامل وكون الشخصية ليست مجرد مجموع الصفات، وإنما وحدة الناتج منها أكثر من مجرد حاصل الجمع.
- بعض الصفات الداخلة في تكوين الشخصية بيولوجية جسمية مثل لون الشعر وقوة الجسم والتركيب الغددي والعضلي وهكذا، وبعضها صفات عقلية مثل الذكاء والانفعال والمزاج.
- لم يهم التعريفان أهمية البيئة وأثر الصفات في تكيف الفرد وتفاعله معها، ولذا لا يمكن دراسة الفرد منعزلاً عن المجموع الذي يحيط به كما يتضح

من إشارة "بيرت" إلى أهمية التكيف نحو البيئة المادية والبيئة الاجتماعية.

- يظهر في كل من التعريفين فكرة التميز التي تجعل كل فرد مختلفاً عـن غـيره بحيث لا يوجد اثنان متشابهان تماماً. وهـذا التميـز هـو في نظـر "أولبرت" الأساس الهام لمعنى الشخصية.

مكونات الشخصية:

وإذا فحصـنا القـوائم الكثيـرة التـي يضعها العلمـاء المختلفـون لمكونـات الشخصية فإنا نجدها- إن اختلفت في ظاهرها مـن حيـث العـدد والاسترسـال في التفاصيل غالباً تتفق على الأبعاد الرئيسية التـي ينبغـي ألا تغفل في أي تقسيـم ا وتصنيف وهي :

أ-النواحي الجسمية

ب-النواحي العقلية المعرفية

ج-النواحي المزاجية.

د- النواحي الخلقية.

هـ- النواحي البيئية

سوف نحاول إلقاء الضوء على أهم مكونـات الشخصـية الإنسانية موضحين أهم العوامل المتداخلة التي من شأنها أن تبرز الصورة الإجمالية لشخصية الفرد. لقـد حـاول العلـماء تفسـير كيفيـة ظهـور الشخصـية وتحديـد مكوناتهـا وهـم ينقسمون إلى قسمين رئيسيين بشكل عام. إذ يرى فريق منهم أن الشخصية هـي نتاج لعمليات التعلم، وأن الطفل حديث الولادة لا شخصية لـه في نظرهم، وأنـه يتحتم على أي طفل أينـما كـان أن يكتسـب شخصيته عـن طريـق التفاعـل مـع عناصر المجتمع ومن خلايا عمليات التوافق التي يجريها بينما يرى

فريق آخر من العلماء أن الطفل يرث بعض مكونات شخصيته وهو ما يشكل الأساس الذي يقوم عليه بناء الشخصية فيما بعد .

ويمكن النظر إلى مكونات الشخصية على أنها تلك العوامل التي تؤثر في الشخص نفسه مما يؤدي إلى التأثير بالتالي في سلوكه وتصرفاته وطبيعة علاقته بالآخرين. ومن طبيعة هذه المكونات أن تكونه داخلية أو خارجية، موروثة (فطرية) أو مكتسبة . وهي من الصفات الثابتة على الرغم من اختلاف تأثيرها نسبياً تبعاً لمجموعة العوامل المؤثرة في الشخص. وقوة المثيرات التي تدفعه إلى اختيار استجابة معينة ، ومدى ترابط تلك الصفات، ومستوى تفاعلها، ويرى بلانت Plant بأن هناك ثلاثة عوامل رئيسية تشارل في تركيب مكونات الشخصية وهي:

الصفات الفطرية الأساسية

وهي تمثل مجموع القدرات والاستعدادات والصفات العقلية والجسمية التي يولد الفرد مزوداً بها والتي يتشابه جميع أفراد النوع فيها، وتتمثل بعض تلك الصفات والمكونات في استعداد الفرد الطبيعي للاستجابة للمثيرات الداخلية والخارجية التي تعتمد بدورها اعتماداً كبيراً على سلامة الجهاز العصبي وأجهزة الحس لديه، على مستوى ذكائه، وعلى سماته المزاجية ودوافعه، وعلى قدرته على التوافق مع البيئة.

الاتجاهات (العادات)

تؤثر اتجاهات الفرد على علاقته بالآخرين كما ترتبط بمجموعة من العوامل البيئية الأخرى، وينتج عن هذه الاتجاهات في صورتها الايجابية شعور الفرد بالاطمئنان والحب الانتماء مع وضوح مفهوم الذات لديه. ويعني ذلك قدرة الفرد على تحديد الصورة التي يرى نفسه عليها وما يستطيع عمله أو مالا يقدر

عليه، وذلك اعتماداً على ما يصل إليه مجموع انطباعات الآخرين عنه. وقد تؤدي علاقة الفرد بالآخرين ، في حالة انحرافها، إلى انحراف الشخصية واتجاهها في مسار غير اجتماعي (غير سوي).

العوامل الأخرى

وهي مجموع العوامل الباقية التي لا تندرج تحت الصفات الأساسية أو الاتجاهات المذكورة أعلاه، وتشمل ضمن ما تشمله طرق التربية والخبرات المكتسبة، وعوامل التطوير وغيرها.

ويرى "ألبورت" بأن الأساس الذي تقوم عليه الشخصية تتكون من مجموع العوامل الوراثية التي يولد الفرد مزوداً بها ، وهي تتركب من ثلاث مجموعات:

- عوامل يشترك فيها جميع أفراد النوع وتتعلق بالمحافظة على الحياة مثل الانعكاسات Reflexes والدوافع Drives وعمليات التوازن الداخلي Hompeostasis، وهي عمليات مرتبطة بالجهاز العصبي وتتم بشكل طبيعي دون تدخل الفرد فيها بشكل مباشر.

- عوامل وراثية تنتقل عن طريق ناقلات الصفات الوراثية وتتعلق بجنس الكائن البشري ولون بشرته وتركيبه العام وحجمه وطباعه المزاجية وغيرها من السمات الأخرى.

- الاستعداد للقيام بعمليات تكوين الارتباطات والبنى (A disposition to Form Structures) ويستنتج من هذا المفهوم أن الإنسان يولد مزوداً بقدرة طبيعية على التعلم. وتتشابه الفكرة مع وجهة النظر القائلة بأن الإنسان لديه شعور بالحاجة إلى التحصيل العلمي، وهي حاجة أصيلة فيه وليست من نتاج البيئة المحيطة به.

ونلاحظ أن الفقرة السابقة تعارض الرأي السلوكي القائل بأن الإنسان يتعلم عن طريق المثير والاستجابة ، وهو ما يجعل الإنسان خاضعاً، في جميع

الظروف والأوقات وبشكل دائم، لسلطان المثيرات الخارجية ، في نفس الوقت الذي يتم فيه تجاهل الدافع إلى التعلم نتيجة الشعوب بالحاجة إليه من أجل مواصلة النمو وتحقيق الذات وإيجاد أسلوب حياة خاص.

الدوافع :

مما لا شك فيه أن لكل إنسان أهدافاً معينة يسعى إلى تحقيقها سواء كانت ثقافية أو اجتماعية أو اقتصادية أو نفسية أو غيرها فالحاجة إلى المعرفة تدفع الفرد إلى مواصلة القراءة والإطلاع على كل جديد فيما يميل إليه من فرع العلم والمعرفة من أجل التوسع في فهمها وإتقانها وترسيخ حقائقها في ذهنه. ويمكن تتبع هذه الدوافع بشكل واضح من الإطلاع على قصص العلماء والمخترعين الذي لا يثنيهم فشل التجربة مرة أو مرات عن مواصلة العمل بصبر ومثابرة إلى أن يتوصلوا إلى تحقيق النتائج المفترضة والمتوقعة أو الاقتناع بخطأ فروضهم وعدم صحتها من الناحية العلمية. وقد ساهم ذلك بشكل كبير في تقديم البشرية وتغيير وجه الحياة على سطح الأرض في كثير من الجوانب.

وأحياناً ما يذكر الدافع في نظريات الشخصية تحت أسماء متعددة منها: الدافع، والحافز، الحاجة، الرغبة، وغير ذلك. على أن الشيء المهم هو أن جميع هذه المفاهيم وما شابهها تعنى شيئاً واحداً وهو وجود نوع من الضغط الداخل على الفرد للقيام بعمل ما أو نشاط ما أو أداء سلوك معين لإرضاء ذلك الشعور مها تعددت الصور التي تعبر عنه. وقد توجد بعض هذه الدوافع في صورة عضوية مما يسهل معه اكتشافها ومتابعة تطورها عن طريق مظاهر السلوك المصاحب لها مثل الحاجة إلى المأكل والمشرب أو النوم والراحة ، بينما تعترض الباحث بعض الصعاب في مجال دراسة الدوافع الاجتماعية أو الوجدانية مثل الحاجة إلى الحب أو الصحة أو العطف أو التحصيل. على سبيل المثال.

عامل السيطرة:

ويعني هذا العامل أن سلوك الفرد ليس عشوائياً وإنما هو سلوك منظم وهادف ، في حالة الشخصية السوية ، ويعني ذلك وجود جهاز للتنظيم العصبي يتكون من مراكز وشبكات عصبية تقوم بمهمة استثارة وتنبيه الفرد أو حثه على الكف والتوقف عن ممارسة سلوك معين. وتتولى الأعصاب مسئولية التحكم في أي نشاط بشري وتنظيمه سواء كان حركياً عضلياً أو فكرياً أو انفعالياً.

عامل التنظيم:

لما كان من غير المعقول أن يترك الأمر لدوافع الفرد في العمل بطريقة مطلقة لتحقيق أهدافه أو إشباع حاجاته ، حتى ولو أدى الأمر إلى سلوك طرق فوضوية أو غير اجتماعية ومخالفة للقوانين، ولكي لا يصبح السلوك متناقضاً مما يفقده صفة الثبات النسبي اللازم لتحقيق القدرة على إمكانية التنبؤ به قبل حدوثه. لذا كان من الضروري وجود نوع من التنظيم الداخلي للسلوك لضمان الكف عن تحقيق الرغبات غير الاجتماعية ، على سبيل المثال ، مع مواصلة العمل على إرضاء الحاجات الأخرى التي لا تتعارض مع الاتجاهات الاجتماعية ولا تمثل خروجاً على القوانين والنظم المعمول بها. هذا بالإضافة إلى أن لعامل التنظيم وظيفة أخرى لا تقل أهمية وهي قيامه بالتنسيق بين عوالم الشخصية ومكوناتها المتعددة بحيث تبدو الصورة الإجمالية لشخصية الفرد في شكل متناسق ومترابط مما يعبر عن وحدتها.

شكل يبين مكونات الشخصية.

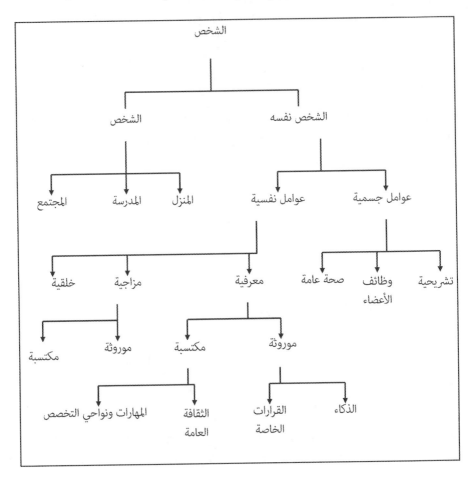

نظريات الشخصية

النظرية هي فكرة عقلية منظمة تشير إلى مبدأ أو مجموعة من المبادئ التي تحاول تفسير ظاهرة معينة تتميز بالثبات والاستمرارية، ويمكن النظر إلى نظريات الشخصية على أنها مجموعة من المحاولات التي تهدف إلى تشكيل صور لمختلف جوانب السلوك الإنساني وعادة ما تمر تلك النظريات في إطار

كلي ينظر إلى الإنسان ككل وليس على شكل مجموعة من الأجهزة أو الأعضاء المنفصلة التي تشكل في مجملها شخصية الإنسان.

وتحاول نظريات الشخصية بشكل عام الكشف عن المبادئ العريضة التي تصف سلوك الإنسان، وهذا من أصعب الأمور، لأنها تحاول بمفاهيم بسيطة وصف كل ما قام الإنسان بفعله في الماضي، وكل ما يستطيع القيام به في الوقت الراهن، وما يمكن أن تقوم به في المستقبل .

ويرى بعض العلماء بأن نظرية الشخصية الجيدة هي النظرية القادرة علت تفسير أحاسيس الإنسان ومدركاته وقيمه وحوافزه على التعلم وعلى التغيير وميله إلى الانتماء إلى الآخرين، بشرط أن تقوم بذلك بشكل يتناسب ومفاهيمنا عن الجهاز العصبي للإنسان ، وفي ضوء ثقافتنا المعاصرة.

ويجب عن اختيار أية نظرية للممارسة أو من أجل الإطلاع الالتفات إلى عدد من الأمور ذات العلاقة بالنظريات ومنها:

- الافتراضات التي تسوقها النظريات، كطبيعة الإنسان، على سبيل المثال، وتختلف النظريات في نظرتها لطبيعة الإنسان، إذ يراه بعضهم مخلوقاً واقعاً تحت سيطرة مكوناتها الفطرية من دوافع ونزعات وحاجات، بينما يراه البعض الآخر مغلوباً على أمره وواقعاً تحت رحمة البيئة المتسلطة عليه بمثيراتها التي لا تتوقف عن الحدوث. وقد حاول المذهب الإنساني أن يرد للإنسان كرامته فجعله إنساناً واعياً يعرف كيفي يكبح جماح شهواته ودوافعه، وأن يسيطر على البيئة، وأن يحدد هدفه من الحياة ، وأن ينمي قدراته إلى الأفضل.

- يجب معرفة ما إذا كان صاحب النظرية من المهنيين العاملين في المجال ومن الممارسين أم لا. إذ غالباً ما يتجه الممارسون إلى الاعتماد كثيراً على خبراتهم الذاتية والعملية وعلى نتائج دراسة الحالات التي يتعاملون معها.

وليس هناك عيب في ذلك إذا ما كانت أسس النظرية مستمدة من دراسة عدد مناسب من الحالات، أما النظريات القائمة على نتائج دراسة عدد قليل من الحالات فيصعب تعميم نتائجها.

- ضرورة التعرف إلى الظروف التي تعمل في ظلها النظرية، فالنظرية الجيدة يجب أن تكون سهلة التطبيق، وأن يؤدي استخدامها إلى تأكيد المبادئ التي قامت عليها، وأن تسمح للباحثين بإجراء الدراسات عليها.

بناء الشخصية وديناميتها:

يلاحظ أنه مهما تعددت النظريات أو اختلفت وجهات نظرها فلا بد لها من أن تركز على عاملين هامين هما:

بناء الشخصية :

ويشير هذا المفهوم إلى ضرورة أن تعمل النظرية على تنظيم وصياغة جوانب الشخصية المختلفة وأجزائها في نظام معين ثابت نسبياً يمكن التعرف إلى المخطط العام للشخصية والأجزاء الداخلة في تركيبه.

ديناميات الشخصية:

ويشير إلى مجموع العمليات الوظيفية التي تقوم بها الأجزاء الداخلة في تركيب الشخصية وكيفية تفاعلها وتغيرها.

أهداف نظريات الشخصية:

تهدف نظريات الشخصية بشكل عام إلى تحقيق ما يلي:

- فهم الإنسان لسلوكه البشري أو احتمال حدوثه، مما يسمح بإقامة علاقات مشتركة بني كل الأفراد وتسهيل عمليات التوافق .

- إمكانية التنبؤ بالسلوك البشري أو احتمال حدوثه، مما يسمح بتعديله أو إعادة تشكيله .
- السيطرة على السلوك من أجل أن يعيش الإنسان في سعادة يتجنب الانحرافات.

وظائف نظريات الشخصية:

للنظريات وظائف متعددة سواء كانت نظرية أم عملية، إلا أن أهم وظائفها بشكل عام هي العمل على وصف الشخصية كنظام أو بناء يحتوي على أجزاء وميكانيزمات وعمليات تعمل جميعاً بشكل منفصل أو متصل داخل الإطار العام للشخصية، وكيف ينعكس ذلك في شكل سلوك يمكن ملاحظته.

العوامل المؤثرة في الشخصية:

تشير نظريات الشخصية بدون استثناء إلى وجود عاملين هامين يؤثران في بناء الشخصية وفي تطورها، وهما عامل داخلي تكويني وعامل خارجي بيئي. وبناء على مدى تأثير كل من هذين العاملين تتشكل الشخصية وتظهر للوجود بشكلها الذي هي عليه.

أولاً: العوامل التكوينية :

وتنقسم إلى مؤثرات وراثية ومؤثرات بيولوجية.

المؤثرات الوراثية:

يؤثر الاستعداد الوراثي في اختلاف استجابة الإنسان لكثير من المواد الكيميائية والعقاقير والعوامل البيئية وفي احتمالي إصابة الفرد بأحد الأمراض الوراثية أو التشوهات التكوينية، أو السمات ذات الطابع المميز ومن أمثلة الأمراض الوراثية مرض نزيف الدم الوراثي والاضطرابات التي تصيب الجسم

مما يؤدي إلى تحطيم كريات الدم الحمراء متى تناول الشخص بعض العقاقير الطبية، ومرض السكر، وتتمثل التشوهات التكوينية في الإصابة بمرض داونز (إعادة ذهنية متوسطة)، كما تبدو في شكل قصور عقلي بسبب احتواء بعض خلايا المولود على كروموسومات (ناقلات الصفات الوراثية) جنسية غير طبيعية، كما قد تؤدي التشوهات الكروموسومية إلى التأثير على جنس الولود فيصبح لا هو بالذكر ولا هو بالأنثى، وإنما يتبع ما يسمى بالجنس المتوسط، ويذكر رمضان القذافي في هذا الخصوص: "...وتنتقل بعض التشوهات الجنينية عن طريق أحد الوالدين ، ومنها ما هو بسيط كاعوجاج الاصبع الخامس ، ومنها ما هو خطير ، كتشوه اليد وتحولها لما يشبه مخلف سرطان البحر.. وتنتقل انواع أخرى من التشوهات الجنينية عن طريق الوالدين، وتشمل معظمها اضطرابات كيميائية في خلايا الطفل، فتؤدي إلى الإعاقة الذهنية أو غيرها من الإعاقات .." (رمضان محمد القافي 1977، ص38-39). وهناك سمات أخرى مميزة للشخصية ولها علاقة بالعوامل الوراثية وتشمل، على سبيل المثال لا الحصر ــ لون البشرة، ولون العيون ، والطول والقصر، والقابلية للإصابة بالصلع في حالة الرجال وغيرها.

العوامل البيولوجية المؤثرة في الشخصية:

نؤثر هرمونات الغدد الصماء بوجه خاص في السلوك وفي عمليات التكيف . ويبدو ذلك واضحاً في حالة نقص إفراز تلك الغدد أو توقفها عن العمل، وهي:

1.الغدد الدرقية (THYROID):

وتؤدي كثرة إفراد هرمون تلك الغدة إلى كثرة الحركة والشعور بالتهيج والأرق أما في حالة نقص إفراد الهرمون وقلته فإن ذلك يؤدي إلى سهولة الشعور بالتعب والإرهاق والى كثرة النوم.

2. البنكرياس (**BANCREAS**):

ويقوم بإفراز الأنسولين لتنظيم مقدار السكر في الدم مما يؤدي إلى سحب السكر الزائد في الدم وتحويله إلى الكبد لتخزينه هناك. وفي حالة زيادة نسبة السكر في الدم عن المستوى المناسب، فإن ذلك يظهر على شكل إصابة بمرض السكري، أما في حالة نقصه فإن ذلك يؤدي إلى التأثير بشكل سلبي على التفكير وعلى عمليات التكيف.

ومما يلاحظ أنه من الضروري أن يعمل البنكرياس على إفراز كميات مناسبة من الأنسولين للمحافظة على ثبات نسبة السكر في الدم وعدم ارتفاعها، وكذلك المحافظة على تزويد أنسجة الجسم بما يلزمها من مواد سكرية لتوليد الطاقة الحرارية لتأدية مختلفة أنواع النشاط. أما في حالات حدوث اضطرابات أو في الحالات المرضية المؤدية إلى زيادة نسبة الأنسولين في الدم وخلايا المخ وتعرض الفرد لبعض الأعراض الخطيرة مثل الشعور بالضعف العام، والخلط الذهني، وازدواج الرؤية، وغيرها.

وفيما يتعلق بتأثير الغذاء في الشخصية بوجه عام ، يشير كورير Currier إلى ظهور بعض الدراسات الحديثة عن تأثير نقص العناصر الغذائية في الحالات العقلية. ويروي الباحث أنه اكتشف في بعض الحالات التخلف الذهني إصابة المتخلفين باعاقات تمنعهم من هضم الطعام بسبب نقص بعض الإنزيمات . كما أنه عادة ما يلاحظ الأفراد العاديون تأثير نقص هرمون الغدد على أصدقائهم حيث يظهر ذلك على شكل نعاس وميل للنسيان.

3.الغدتان الكظريتان (**ADRENALS**):

ويؤثر هرمونهما بوجه خاص على الشخصية في حالة التعرض للضغوط والانفعالات وتقوم قشرة الغدة بإفراز هرمون الكوريتكوستيرويدCORTICO

STEROIDS الذي يساهم في عمليات تحليل البروتين والدهون والكربوهيدات، أما الجزء الداخلي من العدة فينتج هرموني الأدرينالين، والنور أدرينالين، ويقوم الأدرينالين بدور هام في ظهور الاستجابات الانفعالية كالخوف أو الهروب من مواجهة الموقف والانسحاب وما يصاحب ذلك من أعراض ملازمة، أما النور أدرينالين فيساهم في ظهور أعراض استجابات الغضب كاحمرار الوجه وغيرها.

ثانياً : العوامل البيئية المؤثرة في الشخصية:

العوامل الاجتماعية:

عندما يتفاعل شخص مع آخر أو مع جماعة على سبيل المثال، فإن هذا التفاعل نتائجه يؤثران على سلوك الشخص وعلى طريقة استجابته للمثيرات الاجتماعية على وجه الخصوص. كما يمكن القول أيضاً بأن الخبرات التي يشترك فيها الشخص مع الأفراد الآخرين تؤثر في بناء الشخصية النامية وفي تطويرها . ونجد في مقولة واطسن الشهيرة وهو من مؤسسي المذهب السلوكي، من أن بإمكانه تحويل عشرة من الأطفال الأصحاء والمتماثلين في السمات إلى عشر شخصيات متنوعة تتدرج من المستوى المثالي في السوية إلى المستوى اللاسوي، وذلك تبعاً لنوع البيئة التي سيعيش فيها هؤلاء الأطفال وما تقدمه لهم من فرص للتدريب والتعلم والاتصال بالغير، وغيرها. كما يجد المتتبع لنتائج البحوث التي أجريت في مجال التنشئة الاجتماعية ما يشير إلى أن فقد أحد الوالدين أو كليهما، وأساليب التنشئة الاجتماعية ، وطرق التعامل مع الطفل، ومدى التعرض لعوامل الحرمان سواء كان مادياً أو اجتماعياً أو نفسياً، تؤثر جميعها على شخصية الطفل في اتجاهات السواء أو عدم السواء.

ولعلك تصادف في نظريات علم النفس لأريك أريكسون وأدلر، على وجه الخصوص، وغيرهم ممن يتجهون وجهة نظر اجتماعية، كيف تؤثر العوامل الاجتماعية على نمو وتطور الشخصية. فبينما يرى اريكسون بأن نمو الشخصية وتطويرها يخضع بالكامل لتأثير العوامل المشتركة والمكونة من استعدادات الشخص ومكوناته الطبيعية من جهة والعوامل البيئية من جهة أخرى، نجد أدلر يركز على العامل الاجتماعي كمصدر هام لتطوير الشخصية ونموها.

نظريات الشخصية:

هناك تفسيرات متعددة تحاول تحديد طبيعة الشخصية على ضوء تصورات ومنطلقات نظرية معينة، وقد تتفق أو تختلف مع بعضها بدرجة أو بأخرى ونعرض فيا يلي بعض هذه النظريات الأساسية: نظرية التحليل النفسي، نظرية الذات، نظرية الأنماط، نظرية السمات.

نظرية التحليل النفسي

يعد سيجموند فرويد مؤسس هذه النظرية من أعظم علماء النفس الذين أماطو اللثام عن حقيقة الشخصية الإنسانية ، وهذه النظرية نظرية دينامية تكشف عن دافعيات السلوك الإنساني وقواه المتفاعلة داخل الفرد. وتعتبر هذه النظرية أن الدوافع والانفعالات المكبوتة والصراعات اللاشعورية والحلول اللاشعورية لهذه الصراعات كل هذه تكون محوراً هاماً في دراسة الشخصية دراسة هدفها الفهم والتنبؤ والضبط، وفما يلي بعض هذه المفاهيم :

الشعور Conscious:

وهو مجموع الخبرات لدى الفرد خلال حياته ، وهو مستوى التفكير الواضح والفعل الظاهر.

ما قبل الشعور Per-conscious:

ويتكون من الذكريات والأفكار التي رغم أنها حالياً لا شعورية، فإنه يمكن استدعاؤها وتصبح شعورية، لكن من الصعوبة ، لذلك فهي منطقة في العقل البشري تتوسع الشعور واللاشعور، والمواد الموجودة في كل من الشعور وما قبل الشعور تتفق وتستجيب للواقع.

اللاشعور Uncounscious:

يقرر فرويد أن الجزء الأكبر من العمليات العقلية تجري خارج نطاق الوعي، وأن جزءاً كبير من سلوك الإنسان يكون موجهاً عن طريق عمليات عقلية لا يعيبها . لذلك فإن اللاشعور يتكون من المشاعر والاتجاهات والأفكار التي تخصه للضبط اللاإرادي لا يمكن استدعاؤها إلى منطقة الشعور إلا بصعوبة بالغة ويتضمن اللاشعور المعاني البدائية التي لم تكن قط شعورية فضلاً عن الميول والرغبات والخبرات المكبوتة والتي كانت شعورية فيما مضى- ثم استبعدت من منطقة الشعور نتيجة لما تحدثه عادة من صراعات مؤلمة وهذا اللاشعور يحتوي عوامل تؤثر في سلوك الفرد على الرغم من عدم شعوره بها.

ويتصور فرويد أن شخصية الإنسان تتكون من جهاز نفسي يحتوي الأنظمة التالية:

الهو ID :

وهو الجزء الذي لا يعرف شيئاً عن الواقع ولا يعرف الصواب والخطأ وهو يعبر عن رغبات الجسم الغريزية ، وهو الجزء الموروث وهو مستودع الطاقة النفسية و(الهو) لا قبل له بتحمل تزايد الطاقة التي يعانيها بوصفها حالات من التوتر ، لذلك عندما يتزايد التوتر لدى الكائن سواء أكان ذلك راجعاً إلى تنبيه خارجي أ إلى تهيجات داخلية فإن (الهو) يعمل بطريقة من شأنها تفريغ التوتر

مباشرة وعودة الكائن الحي إلى مستوى ثابت منخفض ومريح من الطاقة. ويسمى مبدأ خفض التوتر الذي يعمل (الهو) وفقه هو مبدأ اللذة.

الأنا Ego:

هو الجهاز الإداري للشخصية فهو يتحكم في (الهو) ويسيطر على منافذ العقل ويختار من البيئة الجوانب التي يستجيب لها ويقرر أي الغرائز التي سوف تشبع والكيفية التي يتم بها ذلك الإشباع. ودوره الأساسي هو التوسط بين المطالب الغريزية للكائن الحي وظروف البيئة المحيطة به، وأهدافه الأساسية المحافظة على حياة الفرد والعمل على تكاثر النوع.

الأنا الأعلى Super Ego:

وهو ضمير الإنسان، ويتكون من خلال تقبل الطفل المثل العليا للمحيطين به من الكبار مثل الوالدين والمدرسين والرفاق، حيث يتقمص شخصية الراشدين إنه يمثل سلطة داخلية، بذلك فهو يناقص ويعارض الهو، كما يعارض الأنا حينما يتفق مع الهو. إنه يمثل ما هو مثالي وليس ما هو واقعي.

نظرية يونج

وبخلاف محاولات وضع نظريات لأنماط الشخصية على أساس البحث عن العوامل البيولوجية أو التكوينية المسببة لها، ظهرت محاولات لوضع نظريات الأنماط الشخصية على أساس الخصائص السيكولوجية ومن أهم هذه النظريات كارل يونج (1875-1961).

فيري يونج أن الناس يمكن تصنيفهم من حيث اتجاههم النفسي العام أي من حيث أسلوبهم العام في الحياة إلى نمط منطوي ونمط بسيط.

والشخص المنبسط يتميز بأن اهتمامه وانتباهه مركزان حول البيئة الخارجية. لذلك فهو يميل إلى تواجد مع الآخرين وتكوين علاقات معهم، وبذلك تصدر قراءاته وأفعاله على أساس العلاقات الموضوعية وليس على القيمة الذاتية. وتميل حاجاته وحياته الداخلية للخضوع إلى الضرورة الخارجية، وأنه شخص موضوعي يوجه الواقع. ويفضل في مجال العمل أن يختلط بالناس مثل العمال البائعين والمختصين الاجتماعيين، والشخص المنطوي يحب العزلة ويتحاشى الاختلاط بالناس، وتحكمه أساساً عوامل ذاتية . وتوجه أفعاله أفكاره الخاصة الذاتي أكثر من توجهها عوامل موضوعية. وهو شخص كثير التأمل في نفسه، ويميل إلى أحلام اليقظة، ويفتقر إلى الثقة بالنفس، ويفضل العمل بعيداً عن الناس.

وقال يونج بأن هناك أربع وظائف سيكولوجية أساسية يستخدمها الفرد في توجيه نفسه في العالم. وهذه الوظائف : التفكير والوجدان، والإحساس والحدس. وكل فرد يستخدم إحدى هذه الوظائف بطريقة أكثر فاعلية وأكثر استمراراً من الوظائف الثلاث الأخرى. وبذلك قسم يونج الناس إلى أربعة أصناف، صنف تغلب عليه الناحية الفكرية ، وصنف تغلب عليه الناحية الوجدانية ، وصنف تغلب عليه الناحية الحسية، وصنف تغلب عليه الناحية الحدسية، وأن كل صنف من هذه الأصناف الأربعة يمكن أن يكون منبسطاً أو منطوياً وبذلك يمكننا أن نحصل على ثمانية أنماط من الناس، المنبسط المفكر والمنطوي المفكر، المنبسط الوجداني، والمنطوي الوجداني، المنبسط الحسي، والمنطوي الحسي، المنبسط الحدسي، والمنطوي الحدسي.

نظرية السمات والعوامل

الشخصية وفق هذه النظرية عبارة عن نظام يتكون من مجموعة سمات "صفات" أو عوامل مستقلة تمثل مجموعة أجزائها. أي أنها عبارة عن انتظام

ديناميي لمختلف سمات الشخصية. وتقول نظرية السمات والعوامل أن الفرد يمكن فهمه في ضوء سمات شخصيته التي تعبر عن سلوكه، فيمكن أن يوصف بأنه ذكي أو غبي أو منطوي أو منبسط أو عصابي أو ذهاني، وتمتد السمات على طول متصل أو بعد يوضح أن معظم الناس يقعون في مكان ما حول منتصف هذه المتصل أو البعد، وفي نهاية المتصل من الجانبين يوجد عدد قليل من الأفراد لديهم هذه السمة في أقصى صدورها تطرفاً.

ولقد حاول علماء النفس حصر سمات الشخصية فكان عددها بالآلاف وعندئذ لجؤوا إلى التحليل العاملي وحصلوا من خلاله على السمات العامة.

تعريف السمات:

يعرف جيلفورد السمة بأنها "أي جانب يمكن تمييزه وذو دوام نسبي على أساسه يختلف الفرد عن غيره" أحمد عبد الخالق 1983).

ويرى حلمي المليجي(1968) أن السمة هي أي خاصية يختلف فيها الناس، أو تتباين درجة ودودها من فرد إلى آخر، وقد تكون السمة استعداداً فطرياً كالسمات المزاجية، وقد تكون مكتسبة مثل السمات الاجتماعية فالسمة إذا هي صفة فطرية أو مكتسبة يمكن أن نفرق على أساسها بين فرد وآخرنه وتعد سمات الشخصية ثابتة برغم أنا تتباين من فرد لأخر.

ويعرفها أحمد عبد الخالق (1983) بأنها خاصة أو وصفة ذات دوام نسبي، يمكن أن يختلف فيها الأفراد فتميز بعضهم عن بعض أن هناك فروقاً فردية فيها. وقد تكون السمة وراثية أو مكتسبة ويمكن أن تكون كذلك جسيمة أو معرفية أو انفعالية أو متعلقة بمواقف اجتماعية.

أنواع السمات:

يقسم جيلفورد Guilford السمات إلى أنواع ثلاثة هي:

السمات السلوكية والسمات الفيزيولوجية والسمات المورفولجية (الخاصة بالشكل العام الخارجي للجسم) وهو يركز في مجال الشخصية على السمات السلوكية(أحمد عبد الخالق 1983).

أما (كاتل Cattel) فيميز بين ثلاثة أنواع أساسية من السمات هي:

- السمات المعرفية: القدرات وطريقة الاستجابة للموقف.
- السمات الدينامية: وتتصل بإصدار الأفعال السلوكية، وهي التي تختص بالاتجاهات العقلية أو بالدافعية والميول، كقولنا شخص طموح أو شغوف بالرياضة أو له اتجاه ضد السلطة وهكذا.
- السمات المزاجية: وتختص بالإيقاع والشكل والمثابرة وغيرها، فقد يتسم الفرد – مزاجياً بالبطء أو المرح أو التهيج أو الجرأة ويغر ذلك (أحمد عبد الله الخالق 1982).

نظرية البورت في السمات

طبيعة السمات عند ألبورت **G.W Allport 1887-1967**:

يرى ألبورت أن السمة مفهوم له طبيعة مجردة فإننا لا نلاحظ السمة بطريقة مباشرة، بل نلاحظ أفعالاً محددة، فالسمة إذن مستنتجة من الملاحظات الفعلية للسلوك أو من خلال الإجابة عن استخبار للشخصية فالارتباط والاتساق من موقف إلى آخر مؤشر للسمة، فالسمة إذن إطار مرجعي لجوانب السلوك وهي مستنتجة مما نلاحظه من عمومية السلوك البشري.

المعايير التي وضعها البورت لتحديد السمة هي:

- السمة لها أكثر من وجود إسمي (أي أنها عادات على مستوى أكثر تعقيداً).
- السمة أكثر عمومية من العادة (فعادتان أو أكثر تنتظمان وتتسقان معاً في صورة سمة).
- السمة دينامية أو على الأقل تلعب دوراً محركاً في كل سلوك يقوم به الفرد .
- وجود السمة قد يتحدد تجريبياً أو إحصائياً (وهذا يتضح في الاستجابات المتكررة أو في المعالجة الإحصائية).
- السمات مستقلة نسبياً فقط كل منها عن الأخرى (وهي عادة ترتبط ارتباطاً موجباً إلى درجة ما).
- سمة الشخصية إذ نظر إليها من الناحية السيكولوجية، لا يكون لها دائماً نفس الدلالة الخلقية، بمعنى أنها قد تتفق أو لا تتفق والمفهوم الاجتماعي المتعارف عليه.
- إن الأفعال والعادات غير المتسقة مع سمة ما ليست دليلاً على عدم وجود هذه السمة (على سبيل المثال فقد تظهر سمات متناقصة لدى نفس الشخص كالنظافة والإهمال).
- السمة قد ينظر إليها في ضوء الشخصية التي تحتويها أو في ضوء توزيعها في المجموع العام من الناس. أي أن السمات قد تكون فردية وهذا ما أسماه البورت فيما بعد باسم الاستعدادات الشخصية.
- السمات لها قدرة على تحريك وكف أو اختيار السلوك الإنسان المناسب فالسمة هي مجموعة دوافع وعادات.
- السمات المتوافقة بعضها على بعض هي بمثابة العناصر الأساسية في السلوك.

- السمات تساعد على تفسير الثبات الذي نجده في الشخصية.
- السمات لا يمكن ملاحظتها بشكل مباشر، وإنما يجب أن يستدل عليها. ومن حيث هي كذلك. فإن من الصعب جداً تصنيفها.
- السمة تبدأ بنظام عصبي نفسي .
- السمة هي تركيب من عادتين أو أكثر.
- السمات تحفز كما قد توجه: فهي قد تدفع مثلما قد تملي على الفرد الطريق الذي يسلكه .
- السمات لها دلالة قوية على "تزامن الأشياء أو حدوثها في آن واحد". فالسمات لا توجد مباشرة من الماضي.
- إن مشكلة تسمية السمات من الأمور الهامة التي أولاها ألبورت اهتماماً كبيراً .
- ورغم وجود مئات عديدة من السمات فقد وضع ألبورت تصنيفاً للسمات إلى: سمات رئيسية ومركزية وثانوية.
- كل سمة موجودة قد لا يكون لها سمة مضادة، وباختصار لا يعتقد ألبورت في نمطية السلوك.
- تجمعات السمات تسمى أحياناً باسم الزملات عند ألبورت.

مشكلة عدد السمات :

يصف الناس أقرانهم ومعارفهم كل يوم بعشرات من الصفات، فهذا متزن أو شجاع أو حسن المعشر، وذلك كتوم أو حقود أو حذر، وهنالك الاجتماعي والنشيط والعصبي وغير ذلك كثير، وان تجميع هذه الصفات أو ما أصطلحنا على تسميته فنياً بالسمات على أساس لغوي بحت لهو عمل غير هين. ولكن اثنين من الباحثين هما "البورت وأودبيرت، قاما بهذا العمل في اللغة الانجليزية.

وقد اضطلع "البورت وأودبيرت" بمهمة جمع الأسماء التي تشير إلى السمات الإنسانية على أساس معيار هام هو قدرة المصطلح على تمييز سلوك أحد الأفراد عن غيره من الناس. وقد نشر "ألبورت وأودبيرت" عام 1936 دراسة عنوانها : أسماء السمات: دراسة نفسية معجمية معتمدين على المعجم الدولي الجديد من وضع وبستر Webster طبعة عام 1925، والذي يحتوي على حوالي خمسمائة وخمسين ألف (550000) مفردة ، فقاما باختيار ما يقرب من (18000) من الصفات التي تشير إلى السمات الإنسانية ، على أساس قدرة السمة أو الصفة على تمييز سلوك الفرد عن غيره من الأفراد، ثم صنفت قائمة الصفات هذه إلى أربعة أعمدة، وقد احتوى العمود الأول على 25% من القائمة الإجمالية، ويشير إلى السمات الحقيقية والميول والأشكال المنسقة والثابتة للسلوك. بينما يحتوي العمود الثاني على 25% من الحالات العقلية والأنشطة الراهنة، ويشتمل العمود الثالث على 29% من القائمة الإجمالية، ويضم تقويمات للطباع والأحكام الخلقية، أما العمود الرابع الخاص بالمتنوعات فيشتمل على 21% من القائمة الإجمالية. من الملاحظ أن هذه الأعمدة الأربعة تتشابك أو تتداخل في حدودها ، وهذا بالفعل ما لاحظه "ألبورت وأودبيرت" من أن بعض المفردات أو الصفات يمكن تصنيفها في أكثر من عمود واحد ، وخاصة تلك المفردات التي تشير إلى سمات وحالات وأنشطة . وقد أدت هذه الملاحظة بعض الباحثين إلى إثارة الجدل حول الفرق غير الواضح كيفياً بين مفهومي السمات والحالات ، والذي أدى بدوره لاحقاً إلى إعادة صياغة مفهوم السمة نظرياً ومع ذلك فقد حظيت قائمة ألبورت وأودبيرت باهتمام كبير، وكان من أوائل من اعتمد عليها كاتل ثم تلاه نورمان.

من هذا العرض الموجز لمسألة أسماء السمات، نلاحظ أنها مشكلة معقدة نظراً لضخامة عدد المصطلحات الموجودة في اللغة- أي لغة - والتي تشير إلى

سمات في الشخصية. هذا فضلاً عن أن علم النفس لا يستغني عن اللغة، بل إن وصف الشخصية في النهاية يكون في قالب من لغة.

نظرية سمات الشخصية (كاتل) Cattell

المقصود بلفظ (سمة) أي خاصية يختلف فيها الناس أو تتباين من فرد لآخر، مثال ذلك أن نقول إن فلاناً مسيطر وآخر مستكين أو هذا جبان وذلك شجاع أو جزئ، كما يتباين شدة الحساسية الانفعالية من شخص لآخر، وقد تكون السمة استعداداً، فطرياً كالسمات المزاجية مثل شدة الانفعال أو ضعفه وسرعته أو بطئه. والاتزان الانفعالي أو تقلبه..الخ.

وقد تكون السمة مكتسبة كالسمات الاجتماعية مثل الأمانة أو الخداع والصدق أو الكذب والشفقة أو القسوة وكذلك الميول والاتجاهات والعواطف. فالسمة إذن هي أي صفة فطرية أو مكتسبة يمكن أن تفرق على أساسها بين فرد وآخر، ولكن هذه الفروق توجد في مستويات مختلفة ويمثل الطرفان أن القطبان المتطرفان لها ما يلي:

أولاً : المظاهر الموضوعية للسلوك:

فهناك الخصائص الجسمية والسمات الموضوعية أي التي يمكن أن يلاحظها ويبحثها آخرون غير الفرد ذاته ويتحققون منها ويحكمون عليها. من هذه السمات الطول والوزن وسرعة المشي بمعنى أن أي اثنين من الملاحظين يحصلون عملياً على نفس المقاييس .

ثانياً: أحداث سيكولوجية ذاتية:

وهي أحداث داخلية لا تلاحظ مباشرة من خارج الفرد. وقد درج الناس على تسميتها ظواهر نفسية كالمشاعر والرغبات والمخاوف والآراء والدوافع

الكامنة. وفي هـذا الطرف توجـد آليـات السلـوك أو العقـد التـي لا يمكـن رؤيتها بالمره بطريقة مباشرة وإنما يستدل عليها المحلل النفسي من آثارهـا، وهـي تكون عقدة عميقة أو بطانة سفلية لبناء الشخصية.

وتقع سمات الشخصية بين هذين الطرفين أو القطبين من الخصائص الخارجية والداخلية إنها صفات أكثر عمومية للسلوك الاجتماعي الانفعالي. إنها المظاهر العامة التي نستخلصها نتيجة ملاحظة الفروق الفردية بين الناس، ويميز كاتل R.Cattell بين خصائص السلوك الظاهرة السطحي والتي أطلق عليها سمات وصفية أو سمات سطحية وما يقع تحتها من خصائص عميقة لا يمكن ملاحظتها كالدوافع الكامنة والتي أطلق عليها سمات أساسية أو سمات أولية. وهذه السمات الأساسية هي المصادر الأولية التي تترع عنها السمات السطحية أو الظاهرة، إنها التكوينات الأساسية التي تصنف السمات السطحية.

ويمكن تفسير العلاقة بين السمات الأساسية والسمات السطحية إحصائياً كما يليك إذا وجد من التحليل العاملي Factor Analysis إن هناك ارتباطاً بين مجموعة من السمات السطحية التالية: الجبن، فقدان الأمن، الذعر، القلق، الاكتئاب، سرعة التهيج، فسر ذلك على أن هذه السمات تنبع من مصدر واحد، هو ذلك العامل المشترك بينها جميعاً وليكن اسمه عقدة الذنب ، وهي لذلك ترتب فيما بينها. وهكذا يعتبر هذا العامل كمياً عن السمة الأساسية المسؤولة عن ظهور تلك المجموعة السابقة من السمات السطحية أو الصفات الظاهرة للسلوك.

والواقع أن العامـل Factor هـو التعبـير الإحصـائي أو الكمـي عـن إحـدى السمات الأساسية للشخصية أو إحدى المكونات الأساسية للشخصية. وبالمثل قـد ترتبط مجموعة أخرى من السمات السطحية في تكوينات أو وحدات أخرى،

أي سمات أساسية أخرى، مثل سمة (الانشراح) ، وهي سمة أولية تتألف من السمات البسيطة التالية: التفاؤل، الحماس، كثرة الكلام، البشاشة، المرح ، الصراحة، التعبير واليقظة، وإذا حاولنا قياس كل من تلك السمات السطحية باختبار خاص، فإنها ترتبط إحصائيا فيما بينها جميعاً يعبر كمياً عن سمة الانشراح، وبعبارة أخرى نجد هذه الاختبارات جميعاً مشبعة بهذا العامل.

وخلاصة القول، إن نظرية السمات افترضت وجود استعدادات معينة عند الفرد، عامة وشاملة ومعقدة ومتداخلة، أهم ما تتميز به هو الثبات والاستمرار. وتعد هذه الاستعدادات أهم مكونات الشخصية، وهي التي تهيئ الفرد للعمل وتحدد أسلوب سلوكه وتصرفه بشكل معين أثناء تفاعله مع بيئته وعند معالجته للمشكلات التي تصادفه، وهكذا ، يمكن تعريف السمات بأنها استعداد عام أو نزعة عامة تطبع سلوك الفرد بطابع خاص وتشكله وتلونه وتحدد نوعه وكيفيته.

نظرية الذات (روجرز) C. Rogers

الذات هي جوهر شخصية الإنسان، ومفهوم الذات هو حجر الزاوية فيها وهذا المفهوم هو الذي ينظم السلوك.

وقد بدأ تاريخ نظرية الذات كارل روجرز عندما بدأ تجاربه حول الإرشاد والعلاج النفسي- المتمركز حول العميل. وأوضح روجرز أولى معالمها في كتابه الإرشاد والعلاج النفسي سنة 1920.

المكونات الرئيسية في نظرية الذات لكارل روجرز.

يمكن إجمالها فيما يلي:

الذات Self:

هي كينونة الفرد. وتنمو وتنفصل عن مجال الفرد الإدراكي، وتتكون

بنية الذات نتيجة للتفاعل مع البيئة. وتشمل الذات المدركة، والذات الاجتماعية ، والذات المثالية وقد تمتص قيم الآخرين، وتسعى إلى التوافق والاتزان والثبات وتنمو نتيجة للنضج والتعلم، وتصبح المركز الذي تنتظم حوله كل الخبرات.

مفهوم الذات SELF CONCEPT::

وهو تكوين معرفي منظم ومتعلم للمدركات الشعورية والتصورات والتقييمات الخاصة بالذات، يبلوره الفرد، ويعده تعريفاً نفسياً لذاته. ويتكون مفهوم الذات من أفكار الفرد الذاتية المنسقة المحددة الأبعاد عن العناصر المختلفة لكينونته الداخلية أو الخارجة. وتشمل هذه العناصر المدركات والتصورات التي تحدد خصائص الذات كما ينعكس إجرائياً في وصف الفرد لذاته كما يتصورها هو (مفهوم الذات المدرك) Perceived self-concept، والتصورات التي تحدد الصورة التي يعتقد أن الآخرين في المجتمع يتصورونها والتي يتمثلها الفرد من خلال التفاعل الاجتماعي مع الآخرين (مفهوم الذات الاجتماعي)Social Self-Concept ، والمدركات والتصورات التي تحدد الصورة المثالية للشخص الذي يود أن يكون (مفهوم الذات المثالي) Ideal Self-Concept.

ووظيفة مفهوم الذات وظيفة دافعية، وينمو مفهوم الذات تكوينياً كنتاج للتفاعل الاجتماعي جنباً إلى جنب مع الدافع الداخلي لتأكيد الذات، وبالرغم من أنه ثابت إلى حد كبير إلا أنه يمكن تعديله وتغييره تحت ظروف معينة (في الإرشاد النفسي المتمركز حول العميل). والخبرات التي تتفق وتتطابق مع مفهوم الذات ومع المعايير الاجتماعية تؤدي إلى الراحة والخلو من التوتر والى التوافق النفسي .

وللذات الإنسانية مظاهر مختلفة من الممكن من خلالها التعرف إلى أنواع عديدة منها:

1- الذات المركزية والذات الاجتماعية:

من أهم التطورات في نظرية الذات الإطار الـذي قدمـه فيرنـون Vernon 1964، حيث يذهب إلى أن هناك مستويات مختلفة للذات، فالفرد يشعر أن له ذات مركزية وذات خاصة عن الذات الاجتماعية التي تكشف للناس.

2- الذات الاجتماعية أو العامة Social or Public:

وهي التي يعرضها الفرد للمعارف والغرباء والاختصائيين النفسيين.

3-الذات الشعورية الخاصة Conscious Private Self:

وهي التي يدركها الفرد عادة ويعبر عنها لفظياً ويشهر بها، وهـذه يكشـفها الفرد عادة لأصدقائه الحميمين فقط.

4-الذات البصيرة Insightful Self:

وهي التي يتحقق منها الفرد عادة عندما يوضح في موقـف تحليلي شـامل مثل ما يحدث في عملية الإرشاد أو العلاج الممركز حول العميل.

5-الذات العميقة Deep self:

6-وهي التي يتوصل إلى صورتها عن طريق التحليل النفسي.

السلوك :

ويتفق معظم السلوك مع مفهوم الذات، ومع المعايير الاجتماعية ، وبعضه لا يتفق مع بنية الذات والمعايير الاجتماعية، وعندما يحدث تعارض هنا يحدث عدم توافق نفسي، ومثل هذا السلوك قد يكون غير متطابق مع بنية الذات ومفهوم الذات. وفي هذه الحالة قيد يتنصل الفرد منه. وهذا يؤدي إلى التوتر

وسوء التوافق النفسي. وأحسن طريقة لإحداث التغير في السلوك هي أحداث التغير في مفهوم الفرد عن ذاته. وهذا ما يحاول المرشد إحداثه في طريقة الإرشاد النفسي المركز حول العميل أو لمركز حول الذات.

المجال الظاهري **Phenomenal Field**

وهو عالم الخبرة المتغير باستمرار، وهو مجموع الخبرات التي يمر بها الفرد، وهو عالم شخصي ذاتي يتضمن المدركات الشعورية للفرد في بيئته . ويتفاعل الفرد مع المجال الظاهري كما يخبره وكما يدركه . فمثلاً قد يدرك مريض الفصام الهذائي أن كل من حوله يتقولون عليه . وهذا قد يكون صحيحاً أو قد يكون غير صحيح على الإطلاق ولكن بالنسبة له يعتبر واقعاً وحقيقة تحدد استجاباته وسلوكه.

نظريات الأنماط Type theories

قامت محاولات عديدة منذ عند الإغريق بين نمط الشخصية والمزاج والنمط هو مجموعة من الصفات العامة التي يشترك بها بعض الأفراد ، ويتسمون بسمات واحدة، فيما يلي بعض تلك النظريات.

نظرية ابقراط:

قسم أبقراط (400ق.م) الأشخاص إلى أربعة أنماط على أساس الأخلاط أو السوائل التي افترض أن جسم الإنسان يتكون منها وهي الدم والصفراء والسوداء والبلغم، وقال بأن سيادة احد هذه الأنماط يؤدي إلى سيادة أحد الأمزجة على الإنسان وبذلك صنف الأمزجة إلى أربعة أنماط:

المزاج الدموي Sanguine ويتميز بالنشاط والمرح والتفاؤل وسهولة لاستثارة وسرعة الإجابة. والمزاج السوداوي Melancholic ويتميز صاحب هذا

المزاج بالتأمل وبطء التفكير والأنطواء والتشاؤم والميل إلى الحزن والاكتئاب. والمزاج الصفراوي Choleric ويتميز صاحب هذا المزاج بسرعة الانفعال والغضب وحدة المزاج والصلابة والعناد. والمزاج البلغمي Phelegmatic ويتميز بالخمول وتبلد الشعور وقلة الانفعال وبطء الاستثارة والميل إلى الشراهة. ويرى أبقراط أن الشخصية السوية أو المتزنة هي التي تنشأ من توازن هذه الأمزجة الأربعة. أي إذا اختلطت بنسب متكافئة وينشأ المرض حينما يتغلب أحدها على الآخر.

نظرية لومبروزو Lombroso

قدم العالم الإيطالي سيزار لومبروزو في منتصف القرن التاسع عشر ـ وصفاً للأنماط الإجرامية في محاول لفهم الشخصية، فقد وضع نظرية ترى أن للمجرمين نمطاً خاصاً حيث أنهم يتميزون بخصائص فسيولوجية وسيكولوجية معينة.

نظرية كرتمشر Kretschmer

قدم كرتشمر الطبيب النفسي الألماني (عام 1888) أربعة أنماط جسمية لها علاقة وارتباط بخصائص الشخصية على النحو التالي:

النمط المكتنز Pyknictype:

ويتمثل في الشخص ذي البنية الممتلئة الأطراف القصيرة وتكون هذه الشخصية منبسطة ومعرضة لتذبذبات المزاج، وصاحب هذه الشخصية إذا أصيب بمرض عقلي فإنه يميل إلى جنون الهوس الاكتئابي.

النمط الواهن **Sthenic type**:

وهـو الشخصـية ذو البنيـة النحيلـة والأطـراف الطويلـة.وهـو ذو شخصـية انطوائية. وصاحب هذه الشخصية إذا أصيب بمرض عقلي يميل إلى جنون الفصام.

النمط الرياضي **Athletic type**:

وهو الشخص ذو البنية القوية والصلبة وتبدو عليه ميول انطوائية نسبياً.

النمط المختلط **Dysplastic type**

وهو الشخص الذي لا يمكـن تصـنيفه تحـت أحـد الأنمـاط الثلاثـة السـابقة. ويكون مزاجه انطوائياً أيضاً.

نظرية شيلدون **Sheldon**:

قام وليم شلدون عام (1899) بفحص عـدة آلاف مـن الصـور الفوتوغرافيـة المقننة للطلبة الذكور في أمريكا. وذهب إلى أن الجنين الإنسـاني توجـد بـه ثـلاث طبقات من الأنسجة هي طبعة الجنين الجرثوميـة الداخليـة، والطبقـة الوسـطى، والطبقـة الخارجيـة (الظـاهرة). وبنـاء عـلى هـذه المكونـات الثلاثـة التـي توجـد جميعها في أي فرد قام شيلدرون بتصنيف الأنماط الجسمية للناس حسـب درجـة غلبة احد المكونات الثلاثة على الاثنين الآخرين. وهذه الأنماط الجسمية هي كـما يلي:

النمط الداخلي (الحشوي) **Endomorphy**

ويغلب عليه الاستدارة، النعومة في أجزاء الجسم المختلفة، مع وجـود جهـاز هضمي معوي كبير، ويتميز صاحب هذه الشخصية بحب الراحة والرفاهية أو

الترف والاسترخاء ويكون مغرماً بالطعام ويتميز بالقدرة الاجتماعية والميل إلى الآخرين.

النمط المتوسط (العظمي) Mesomorphy

ويغلب عليه العظام والأنسجة والوصلات العضلية وهو ذو بنية عضلية قوية. ويتميز صاحب هذه الشخصية بالحاجة إلى التدريب النشط الفعال والعدوانية. ولديه حصانة ضد التعب المباشر، وهو يميل إلى الاستجابات الجسدية حينما يضطرب.

النمط الخارجي (الجلدي) Ectomorphy

ويغلب عليه النحافة والطول والضعف ومساحة سطح الجسم كبيرة بالنسبة إلى وزن الجسم. وله عظام طويلة رقيقة ومخ وجهاز عصبي مركزي كبير نسبياً. ويتميز صاحب هذه الشخصية بردود الأفعال السريعة وفرط الحساسية والأرق، والحاجة إلى العزلة عندما يضطرب.

المراجع

المراجع العربية:

- إبراهيم محمود، التعلم، القاهرة، عالم الكتب، 1971.

- أحمد زكي صالح، علم النفس التربوي، ط10، القاهرة، مكتبة النهضة المصرية، 1972.

- أحمد عزات راجح، أصول علم النفس، الإسكندرية: المكتب المصري الحديث، د. ت.

- أحمد محمد عبد الخالق، أسس علم النفس، ط3، الإسكندرية، دار المعرفة الجامعية، 1997.

- أحمد يوسف، أسس التربية وعلم النفس، ط3، القاهرة، مكتبة الأنجلو المصرية، 1958.

- أنور رياض عبد الرحيم وآخرون، علم النفس التربوي، دار الشروق، الدوحة، 1996.

- جابر عبد الحميد جابر، سيكولوجية التعلم، ط5، القاهرة، دار النهضة العربية، 1980.

- جابر عبد الحميد جابر وطاهر عبد الرازق، أسلوب النظم بين التعلم والتعليم، القاهرة، دار النهضة العربية، 1978.

- جمال الخطيب، تعديل السلوك الإنساني ط3، الشارقة، 1994.

- جورج شهرا وآخرون، الوعي التربوي ومستقبل البلاد العربية، ط3، بيروت: دار غندور، 1983.

- جورج غازدا وريموند كورسني، نظريات التعلم، ترجمة علي حسين حجاج، الكويت: سلسلة كتب، عالم المعرفة، 1983.

- حسان شفيق فلاح، أساسيات علم النفس التطوري، لبنان، بـيروت، دار الجيـل، 1989.
-حسن حافظ وآخرون،علم النفس والتعلم، القاهرة:مكتبة الأنجلو المصرية، 1958.
- حلمي المليجي، علم النفس المعاصر، ط2، بيروت، دار النهضة، 1972.
- حلمي المليجي، سيكولوجية الابتكار، دار المعارف، القاهرة، 1969.
- خيرالله، سيد، علم النفس التربوي: أسسه النظريـة والتجريبيـة، لبنـان، بـيروت، دار النهضة العربية ، 1979.
- راجح أحمد عزت، أصول علم النفس، ط9، مصر الاسـكندرية، المكتـب المصري الحديث، 1985.
- راضي الوقفي وآخرون، التخطيط الدراسي، ط3، عمان، د. ت.
- رجاء محمود أبو علام، علم النفس التربوي، دار القلم، الكويت، 1966.
- ركس نايت، الذكاء ومقاييسه (ترجمة عطيه هنـا)، القـاهرة، الأنجلـو المصر-ية، 1977.
- رمزية الغريب، التعلم، ط4، القاهرة، مكتبة الأنجلو المصرية، 1971.
- روجيه جارودين الاستخدام الذكي لاختبارات الذكاء، ترجمة فؤاد البهـي السـيد، مجلة العلوم والمجتمع، مركز مطبوعات اليونسكو، العدد الثامن، سبتمبر.
- سركز العجيلي وناجي خليل، نظريات التعليم، ليبيا، طرابلس، المؤلفان، 1993.
- سـليمان الخضـيري الشـيخ، الفـروق الفرديـة في الـذكاء، دار الثقافـة للطباعـة والنشر، 1976.

- سيد محمد خيرالله، القدرات ومقاييسها، الأنجلو المصرية، القاهرة، 1966.

- سيد محمد غنيم، سيكولوجية الشخصية: محدداته، قياسها، نظرياتها، دار النهضة العربية، القاهرة، 1975.

- سيد محمد خيرالله، بحوث نفسية وتربوية، القاهرة، 1975.

- سيد محمد خيرالله، علم النفس التربوي، دار النهضة العربية، بيروت، 1984.

- صالح أبو جادو، علم النفس التربوي، ط1، دار المسيرة، عمان، 1998.

- عبد الحميد الهاشمي، الفروق الفردية، دار التربية، دمشق، 1965.

- عبد المجيد نشواني، العلاقة بين التفوق العقلي وبعض جوانبه الواقعية وسمات الشخصية، مؤسسة الرسالة للطباعة والنشر والتوزيع، عمان، 1998.

- عبد المجيد نشواني، علم النفس التربوي، ط4، دار الفرقان، عمان، 1991.

- عبد الملك الناشف، اتجاهات حديثة في تطوير المنهج التربوي (1/C/R) منشورات معهد التربية، بيروت، اوتروا، يونسكو، 1973.

- عبد القادر كراجه، سيكولوجية التعلم، دار اليازوري العلمية، عمان، 1997،

- عبد اللطيف فؤاد إبراهيم، أسس المناهج، القاهرة: المطبعة التجارية الحديثة، 1962.

- عبد المجيد عبد الرحيم، علم النفس التربوي والتوافق الاجتماعي، ط2، القاهرة، مكتبة النهضة المصرية، 1980.

- عثمان سيد وأنور الشرقاوي، التعلم وتطبيقاته، مصر القاهرة، دار الثقافة، 1977.

- عمر الشيخ، إدارة الصفوف والتعينات الدراسية (ثقيف دراس)، عمان، معهد التأهيل التربوي، 1979.

- فكري حسن ريان، الاستعداد والتعلم، القاهرة، عالم الكتب، 1966.

- فاخر عاقل، علم النفس التربوي، ط1، بيروت، دار العلم للملايين، 1980.

- فؤاد أبو حطب، القدرات العقلية، الأنجلو المصرية، القاهرة، 1973.
- فؤاد أبو حطب، وآمال صادق، علم النفس التربوي، ط2، القاهرة، مكتبة النهضة المصرية، 1980.
- فؤاد البهي السيد، الذكاء، دار الفكر العربي، القاهرة، 1969.
- فيصل محمد مكي، صرخة في وادي الإنسانية، أم درمان، 1988.
- محمد عثمان نجاتي، علم النفس والحياة، دار القلم، الكويت، 1992.
- محمود الزنتي، سيكولوجية الشخصية بين النظرية والتطبيق، دار المعارف، الإسكندرية، 1974.
- محمد إبراهيم عبد المجيد، علم النفس التربوي، المملكة العربية السعودية، دار النشر الدولية.
- محمد أيوب شحيمي، دور علم النفس في الحياة المدرسية، لبنان، بيروت، دار الفكر اللبناني، 1994.
- محمد عودة الريماوي، سيكولوجية الفروق الفردية والجمعية في الحياة النفسية، بيروت، دار الشرق، 1994.
- محمود عبد الرحيم منسي، علم النفس التربوي للمعلمين، دار المعرفة الجامعية، الإسكندرية، 1991.
- ممدوح الكناني، أحمد الكناني، سيكولوجية التعلم وأنماط التعلم، مكتبة الفلاح، الكويت، 1992.
- محيي الدين توق، وعبد الرحمن عدس، أساسيات علم النفس التربوي، جون وايلي وأولاده، نيويورك، 1986.
- محيي الدين توق وآخرون، علم النفس التربوي، ط3، دار الفكر والطباعة والنشر والتوزيع.
- لطفي سوريال، لتنظيم تعليم التلاميذ (R/C/S) منشورات معهد التربية، بيروت، أونروا، يونسكو، 1974.

- يوسف قطامي، صالحة عيسان، الطالب العماني المتفوق في المرحلة الثانوية، أساليب التعرف عليه والخدمات التربوي التي تقدم له دراسة غير منشورة، عُمان، جامعة السلطان.

- يوسف قطامي، عبد الرحمن عدس، علم النفس العام، درا الفكر للطباعة والنشر، 2002.

- نعيمة الشماع، الشخصية النظرية والتعليم، مناهج البحث، معهد البحوث والدراسات العربية، القاهرة، 1977.

- توما جوج خولي، الشخصية، مفهومها، سلوكها وعلاقتها بالتعلم، المؤسسة الجامعية للدراسات والنشر، بيروت، 1966.

- عباس مهدي، الشخصية بين النجاح والفشل، دار الفكر الحديث، الكويت، 1998.

- عادل عبد العزيز الأشول، سيكولوجية الشخصية، مكتبة الأنجلو المصرية، القاهرة، 1978.

- عبد الحليم السيد، الإبداع والشخصية، دار المعارف، الإسكندرية، 1971.

- عبد القادر فرج، المجمل في علم النفس والشخصية والأمراض النفسية، الدار الفنية للنشر والتوزيع، القاهرة.

- علي كمال، النفس، انفعالاتها، وأمراضها، وعلاجها، ط2، دار واسط، بغداد.

- ك، هول، ج، لندزي، نظريات الشخصية (ترجمة فرج أحمد فرج وآخرون)، الهيئة المصرية العامة للتأليف والنشر، القاهرة، عام 1971.

- محمد مصطفى زيدان، نظرية التعلم وتطبيقاتها التربوية، دار الشروق، الرياض.

- أنور رياض عبد الرحيم وآخرون، علم النفس التربوي، دار الشروق، الدوحة، 1996.

المراجع الأجنبية:

- Atkinson, R. & Shiffrin, R. (1968), "Human Memory: A Proposed system and its Control Processes" Ink. Spence & J. Spence (Eds).

- Ausubel, David (1963). The psychology of meaningful verbal learning, Grune & Stratton, N.Y.

- Ausubel, David (1978) In defense of Advance organizer. A reply to critics, review of Educational Research, 48, 251-257.

- Bandura, A. C 1986, Social foundations of thought and Action of social cognitive theory, prentice-Hall, Engle wood cliffs, N.J.

- Bruner, Jerome (1966), Toward a theory of instruction, harved university press, M.A, Cambridge.

- Bruner, Jerome (1966), Toward a Theory of instruction, Harved university press, M. A, Cambridge.

- Bruner, Jerome (1990), Acts of Meaning, Harvard University press, M. A., Cambridge.

- Bolles, R. C. (1978), learning theory, Holt. Rinehart and Winston, N.Y.

- Benjafield, J. G. (1992), Cognition, Prentice Hall, N.Y.

- Gagne, Robert M. (1968), "learning Hierarchies" Educational, Psychologist, 6, PP. 1-9.

- Gagne, Rebert M. (1987), Educational Technology Foundations, Lawrence Erlboum Association, Hill sdalc, N. Y.

- Cane, Rebert M. & Driscoll, H, (1988), Essentials of learning for instruction, prentice hall, Englewood Cliffs, N. Y.

- Cage, N, L, and Berliner, D. C. (1979), Educational psychology, Rand MC Nally, Chicago.

- Crruik, R, I. M, & lockhart, R. S. (1972), "level of processing: A frame work for Memory research) of verbal learning & verbal behavior, V11, PP. 691-684.

- Good win, W, L., & Klaus Meier, H, (1975) Facilitating student learning: An introduction to educational psychology, Harper & Row publishers, New York.

- Joyce, B., and wail, M. (1980) Models of Teaching, Prentice - Hall, Inc, Englewood cliffs, New jersey.

- The Magical Number seven, Plus or minus Two: Some limits on our capacity to Process information, of Psychological review, Vol. 63, PP, 81-97.

- Magany, J. F and others (editor) contemporary Reacting in Educational Psychology (1990).

- Paivio, A. (1971) Imagery and verbal processes, Holt, Rinehart and Winston, N.Y.

- Paivio, A (1986), Mental representations, Oxford university press, N.Y.

- Peterson, L.R, 8 Peterson, M.J (1959), "short - term" Retention of individual verbal item's. J. of Experimental Psychology, Vol. 58,PP. 193-198.

- Rundu2 D. 8 Atkinson, R. C. (1970), "Rehearsol Process in free recall: A Procedure for direct observation of verbal learning and verbal Behavior Vol. 9. PP. 99-105.

- Tulving, E (1972), Episodic and semantic Memory, In E. Iulving & W. Donaldson (Eds) organization of Memory. Academic press. N. Y.

- Thorndike, E. The Fundamentals of learning, New York: Teacher's college, 1932.

- Tol man, E, Purposive Behavior in Animals an Man, New York: Naibury Publishing, 1932.

- Tolman, E., Drives Towards war, New York, Appleton - Century and crofts, 1942.

- Watson, J, Behaviorism, Chicago: University of Chicago Press, 1930.

- Watson, J. and Mc Doug all, W. the Battle of Behaviorism, New York, Norton Publishing, 1929.

- Watson, J. and Rayner, R, conditional Educational Reactions, J. of Experimental Psychology, 1920, No, 3, PP. 1-14.

- Watson, J. Psychology As the Behaviorist views, psychological Review, Vol. 101, No, 2, P. 248; April, 1994.

- Wertheimer, M. Productive Thinking, New York: Harper and Row, 1959.

- Windholts, G, Kohler's Insight Revisited. Teaching of psychology, Vol. 12, No, 3, P. 165-67, Oct. 1985.

- Youniss, J. The still Usful classic concept of Development, Human Development, Vol. 38, No, 6., P. 373-79, Nov-Dec, 1995.

- Grontach, L. J. Educational of psychology, Hart - Davis, 169, London.

طباعة وتنسيق وإخراج

صفاء نمر البصار

هاتف: 00962 79 6507997

safa_nimer@hotmail.com